期货投资者教育系列丛书

稻谷期货

中国期货业协会　编

中国财政经济出版社

图书在版编目（CIP）数据

稻谷期货／中国期货业协会编．—北京：中国财政经济出版社，2014.10
（期货投资者教育系列丛书）
ISBN 978－7－5095－5826－3

Ⅰ.①稻…　Ⅱ.①中…　Ⅲ.①稻谷－期货交易－基本知识　Ⅳ.①F830.9

中国版本图书馆CIP数据核字（2014）第273674号

责任编辑：翁晓红　　　　责任校对：杨瑞琦
封面设计：徐广山　　　　版式设计：董生萍

中国财政经济出版社出版
URL：http：//www.cfeph.cn
E－mail：cfeph@cfeph.cn

社址：北京市海淀区阜成路甲28号　邮政编码：100142
发行处电话：88190406　财经书店电话：64033436
北京中兴印刷有限公司印刷　各地新华书店经销
787×1092毫米　16开　15.25印张　228 000字
2015年1月第1版　2015年1月北京第1次印刷
定价：33.00元
ISBN 978－7－5095－5826－3/F·4712
（图书出现印装问题，本社负责调换）
本社质量投诉电话：88190744
打击盗版举报热线：010－88190492、QQ：634579818

本书编写人员

汤青霞　周士荣　古佛章　梁　峰

总 序 言

近年来，在党中央国务院的正确领导下，随着《国务院关于推进资本市场改革开放和稳定发展的若干意见》的深入贯彻落实，我国期货市场取得了稳步较快发展的良好局面。但是由于当前我国期货市场“新兴加转轨”的特征依然突出，市场制度和结构仍存在缺陷，风险防范和化解的自我调节机制尚未完全形成，市场主体发育不成熟，我国期货市场的整体波动和投机性仍较强，这些都对期货市场的改革发展提出了新的挑战。

与此同时，在新的市场环境和对外开放的条件下，随着我国期货市场规模的不断发展壮大，国内市场与国际市场的联系日趋紧密，影响期货市场运行的外部因素也更为多样化和复杂化，由美国次级债危机引发的国际金融市场动荡不安，国内外商品市场价格频繁而剧烈的波动，都增加了期货市场风险控制和日常监管的难度，给我国期货市场的稳定、健康的运行带来了新的挑战。

在这样一个新的形势下，期货市场的持续活跃和规范运作吸引了许多新的市场参与者，期货市场的开户数快速增长，特别是新入市的个人投资者比重较大且呈持续上升趋势。大宗商品和资产价格的频繁剧烈波动也使越来越多的企业开始意识到利用期货市场进行风险管理的重要性。但是由于对期货市场的交易特点和运行机制缺乏详细了解，同时风险意识淡薄，受期货高杠杆、高回报的诱惑，而忽视了期货的高风险特征，导致了非理性投资行为上升，产生了不必要的损失。投资者是期货市场的重要主体，期货市场的发展离不开投资者的积极参与，特别是成熟投资者的参与。因此，在当前我国期货市场的快速发展时期，做好投资者教育工作更加意义深远。

做好投资者教育工作，既是保护投资者合法权益，促进期货市场稳步发展的客观需要，也是加强我国期货市场建设、促进市场稳定运行的关键环节。持续不断地开展行之有效的投资者教育活动，使投资者了解期货高杠杆、高风险的特点，了解期货市场的产品及交易规则，减少投资者的盲目性，特别是牢固树立“买者自负”的风险意识，从而理性地参与期货交易，增强投资者的自我保护能力，才是对投资者最好、最有效的保护。同时，通过投资者教育，有助于投资者客观、正确地认识和参与期货市场，可以进一步促进培育诚实守信、理性健康的市场文化，促进期货市场功能的有效发挥和市场的平稳有序运行。期货市场的投资者教育工作任重而道远，是一项长期的、系统性的工程，需要持之以恒地开展下去。

近年来，围绕投资者教育工作，期货市场的监管部门、自律组织与中介机构都深入进行了形式多样、内容丰富和卓有成效的大量工作。由中国期货业协会组织编写的这一套《期货投资者教育系列丛书》就是协会按照中国证监会的统一部署，贯彻落实期货投资者教育工作的重要措施之一。该丛书作为期货市场第一套系统介绍我国上市期货品种的投资者教育普及读物和中国期货业协会期货投资者远程教育学院课程的基础性教材，以广大普通投资者为服务对象，兼顾了现货企业等专业机构的需求。本套丛书在体例上采取简单明了的问答体例，在语言上深入浅出，通俗易懂，可读性强。在内容上，丛书以“风险教育”为主线，不仅对国内上市的期货品种基本知识和交易规则进行了详细介绍，更从期货品种相关的现货生产、加工、贸易和消费等产业链的各个环节对该产品的特性进行了系统介绍，从而使得投资者能够得到更加全面、深刻的理解。同时，丛书还选取了大量包括套期保值、套利交易等典型实务操作案例，作为投资者了解和学习该产品的辅助材料，充分体现了丛书的实用性和可操作性特点。衷心希望本丛书的出版能够为期货投资者了解期货市场，树立风险意识，理性参与交易提供有益的帮助。

姜洋

目 录

第一章

了解期货与稻谷

本章要点

本章的内容涉及期货的基础概念和稻谷的基础知识。通过本章的学习，了解期货的特点是什么，稻谷的属性和商品特性是什么，并增进读者对期货的基本认识。

一、期货是什么?

期货与现货相对。期货是期货合约的简称，也就是指由期货交易所统一制定、规定在将来某一特定的时间和地点交割一定数量标的物的标准化合约。

标的物又称为基础资产，是期货合约所对应的现货，可以是某种商品，如早籼稻、晚籼稻、粳稻；也可以是某个金融工具，如外汇、债券；还可以是某个金融指标，如国债收益率或股票指数。

期货合约的买方如果将合约持有到期，那么他有义务买入期货合约对应的标的物；而期货合约的卖方如果将合约持有到期，那么他有义务卖出期货合约对应的标的物。当然期货合约的交易者还可以选择在合约到期前进行反向买卖来冲销这种义务。

期货市场的保证金制度决定了期货交易的杠杆性，假如最低保证金是10%，那么期货交易的杠杆是10倍，如此，投资者可用少量资金博取更大的收益，当然收益和风险是成正比的，该投资者所承担的风险也放大了10倍。所以投资者除了需要了解相关品种的专业知识，还需要具有较高的风险承受能力，才能参与期货交易。

小贴士

保证金

在期货市场上，交易者只需按期货合约价格的一定比率缴纳少量资金作为履行期货合约的财力担保，便可参与期货合约的买卖，这种资金就是期货保证金。

期货保证金类似于现货交易的定金，是为了保障交易的顺畅进行。但与现货交易保证金仅由购货方缴纳不同，期货买卖双方都要缴纳保证金。而且随着合约价格的变动，期货上应缴纳的保证金也按比例变动，同时投资者要承担价格变动带来的浮动盈利或亏损。与现货不同的是，因为保证金交易，期货实行每日结算制度，每日盈亏均会反映在期货账户中。

案例1-1

双向杠杆交易，涨跌均可操作

期货市场双向杠杆交易的存在，放大了投资者在期货市场的涨跌收益，造就了期货市场无数的神话。如在黄金暴跌行情中，投资者通过做空黄金，获利颇丰。对比持有现货头寸的投资者，熊市行情中及时清空头寸仅可保障不受损失，却无法从金价下跌中获利。

不仅贵金属可以实行双向杠杆操作，农产品也一样能够在期货市场实行这样的交易。从2012年8月底开始，早籼稻期货市场价格开始走弱，在现货市场上，此时最好的策略就是尽快将手中持有的现货库存出清，避免损失。只可单向操作，减亏即为赚。

期货市场可以进行双向操作。投资者可以先在高价位卖出早籼稻期货的合同，等期货价格走低的时候，再以低价位买入早籼稻期货合同，就可以对冲掉原合同中的义务，并获得价格下跌的利润。某投资者在2012年下半年早籼稻下跌行情中，以2 880元/吨的均价卖出早籼稻期货1305合约，并利用浮动盈利加仓操作，至2013年3月，早籼稻期货价格跌至2 650元/吨，该投资者在早籼稻上获利超过200元/吨 。

另一投资者认为早籼稻有国家最低收购价兜底，价格跌不过最低收购价的2 640元/吨。2013年7月，预计早籼稻现货将启动最低收购价政策，于是某投资者满仓买入早籼稻1401合同，结果早籼稻期货继续向下，跌至2 530元/吨，低于最低收购价110元/吨，结果满仓操作使得该投资者相较现货投资，在同等资金容量的情况下，亏损放大了10倍。

从这个案例，大家可以看到，期货操作的方向正确了，可以赚钱很快，但方向错误了，亏钱也很快，期货交易具有高收益和高风险的特点。

资料来源：瑞奇期货。

二、稻谷是什么？

稻谷是一种50～130厘米高的年生性禾本科植物，叶长而扁，稻谷的主茎在底部分叉成数个分蘖，这些分蘖的末端可长出圆锥状花簇。每个花簇可长出50～500个小穗状花序，每个小穗状花序可结出一个果实，即稻谷，去壳后称大米或米。

碾磨时只去掉外壳的稻米称为糙米，富含淀粉，并含约8%的蛋白质和少量脂肪，含硫胺、烟酸、核黄素、铁和钙。碾去外壳和米糠的大米称为精米或白米，多用作煮米饭（见图1-1）。

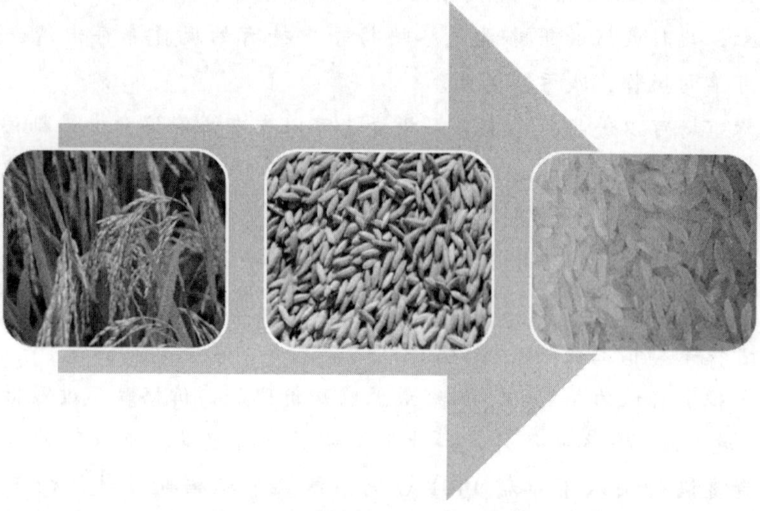

图1-1 生长期稻谷、储存期稻谷、大米

按照《中华人民共和国国家标准 稻谷（GB1350—2009）》，稻谷按其粒形和粒质分为三类。

第一类：籼稻谷，即籼型非糯性稻谷。根据粒质和收获季节分为早籼稻谷和晚籼稻谷。

第二类：粳稻谷，即粳型非糯性稻谷。根据粒质和收获季节分为早粳稻谷和晚粳稻谷。

第三类：糯稻谷。根据粒形和粒质分为籼糯稻谷和粳糯稻谷两类。

在稻谷国家质量标准中，通常将稻谷分为早籼稻、晚籼稻（中晚籼稻）、粳稻和糯稻。其中早籼稻占比约16%，晚籼稻占比约51%，粳稻占比约32%，年产量大致为3 300万吨、10 500万吨、6 500万吨。糯稻产量极少，几乎可以忽略不计（见表1-1）。

表 1-1　　　　稻谷的分类

<table>
<tr><td rowspan="3">项目</td><td colspan="2">糯稻</td><td colspan="4">非糯稻</td></tr>
<tr><td rowspan="2">籼糯稻</td><td rowspan="2">粳糯稻</td><td colspan="2">粳稻</td><td colspan="2">籼稻</td></tr>
<tr><td>早粳稻</td><td>晚粳稻</td><td>早籼稻</td><td>晚籼稻</td></tr>
<tr><td>产量（万吨）</td><td></td><td></td><td colspan="2">6 500</td><td>3 300</td><td>10 500</td></tr>
<tr><td>占比（%）</td><td></td><td></td><td colspan="2">32</td><td>16</td><td>51</td></tr>
</table>

稻谷又可以按照优质与否，分为优质稻和普通稻。其中优质稻市场接受度高，是小包装口粮市场的主打类别。普通稻除作为储备用途外，也作为口粮和工业用途。

按照制种的不同，稻谷还可分为常规稻和杂交稻。常规稻一般农户自己留种，下年再种植。杂交稻需要从制种基地购买。常规稻和杂交稻都有自己的优质稻品种和常规稻品种（见图 1-2）。

籼稻	粳稻	糯稻	
早籼稻	晚籼稻	粳稻	大宗
优质稻	普通稻		重要
	常规稻	杂交稻	

图 1-2　稻谷的分类

籼稻与粳稻是在不同温度条件下形成的两个普通栽培稻亚种，籼稻主要分布在秦岭、淮河以南的平原，粳稻主要分布在秦岭—淮河以北及以南的高寒山区。籼稻亚种与粳稻亚种在生理特性、栽培特点、形态特征上均有区别（见表 1-2）。

生理特性的区别：籼稻是籼型非糯性稻的果实，具有耐热、耐湿、耐强光和忌寒冷的特点，粳稻是粳型非糯性稻的果实，具有耐寒、耐弱光和忌高温的特点。

表 1-2　　粳稻和粳稻的特性比较

	籼稻	粳稻
粒型	细长，长度是宽度的3倍以上	短粗，长度是宽度的1.4~2.9倍
外观	稻壳较薄，叶片粗糙多毛，颖壳上毛稀而短，一般无芒，即使有芒也很短，谷粒较易脱落	稻壳较厚，叶片毛较少甚至无毛，颖壳上毛长而密，芒较长，不易落粒等
腹白	早籼米腹白较大，晚籼米腹白较小	腹白小或没有
种植区域	低纬度、低海拔湿热地区，较耐湿、耐热、耐强光，但不耐寒	高纬度或低纬度的高海拔种植，较耐寒、耐弱光，但不耐高温
米粒	一般呈长椭圆形或细长形	一般呈椭圆形或卵圆形
淀粉性质	含有较多的直链淀粉。普通大米一般分为高含量（25%以上）、中等含量（20%~25%）和低含量（10%~20%）；糯稻指标≤2%	优质粳稻1~3级直链淀粉含量分别为15%~18%、15%~19%、15%~20%，普通的为17%~25%
出米率	早籼米硬质颗粒较少，耐压性能差，出米率较低；晚籼米硬质颗粒较多，出米率较高	硬质粒多，耐压性能好，加工时不易产生碎米，出米率较高
米质	胀性较大、黏性较小	胀性较小、黏性较大

栽培特点的区别：籼稻主要分布在印度、锡兰、中南半岛、巴基斯坦、孟加拉等热带地区及我国南方的热带和亚热带地区。粳稻主要分布在我国北方、长江中下游地区和温度较低的云贵高原高海拔地区及韩国、日本等。

三、稻谷和大米是一回事吗？

稻谷和大米都是水稻成熟后收获的粮食。稻谷与大米的关系就像花生果与花生米的关系一样，稻谷去壳以后的成分就是大米，因此它们之间有区别，但属性相同。另外，稻谷通常出现在生产、收储环节，而大米形态的粮食则进入消费领域，所以稻谷又称原粮，而大米则称贸易粮。由于中国等亚洲国家是水稻发源地并以大米为主要食物来源，所以稻谷或大米与人们的日常生活很紧密。而非以大米为主食的国家，大米和稻谷都笼统称为大米。英语表达“rice”，要表示稻谷时加前缀“rough”，表示“中国大米”的含义时，其单词前再加前缀“milled”。

四、食品中会有稻谷吗？

稻谷中一般不直接含有稻谷，而是稻谷转化的成分。居民口粮中的稻谷概念，是经过蒸煮大米做成的米饭；饲料用粮和种子用粮不会形成人类食品。而工业用粮的稻谷因子，主要是由大米转化而成的米粉、啤酒米转化的啤酒、糖浆等，还会用于生产米制系列食品，如米饼、米糕、速煮米、方便米饭、冷冻米饭等，米糠还可以做成稻米油。所以一般食品中不会有稻谷，但有稻谷转化的因子在其中。

五、稻谷期货又是什么？

稻谷期货是指期货合约中标的物为稻谷的标准化合约，目前在期货市场上已经上市了三种稻谷期货合约，分别是早籼稻期货合约、粳稻期货合约和晚籼稻期货合约。

在标准化上，稻谷期货合约包括稻谷交割的时间、地点、交割质量标准等。其中只有符合交割质量标准的稻谷才能进行交割，这也是众多投资者认为不确定性较大的因素。下文会详细解读。

六、为什么上市稻谷而非大家熟知的大米？

在我国郑州商品交易所期货合约交易的诸多标的物中，稻谷是其中之一。为什么采用稻谷而不用大米？主要因为我国是全球最大的稻谷生产国和消费国，在争夺粮食国际定价权方面，稻谷期货具有一定的优势，并且稻谷相对于大米储藏性更好，更易于储存、不易变质，可以保证期货实物交割的顺利进行。在我国，大米作为上市期货合约交易的标的物，历史上并不是空白。20 世纪 90 年代粳米和籼米分别在上海粮油商品交易所和广东联合交易所上市，大米作为期货品种在交割环节上就暴露出储存期太短带来的诸多问题。2009 年，水稻这个我国最大的粮食作物再次被设计成期货合约交易的标的物时，选择稻谷就是吸取了这个历史教训；我国大宗贸易中一般以稻谷为主，这也是一个重要因素。

七、为什么上市不同品种的稻谷期货？

早籼稻、晚籼稻、粳稻3个稻谷期货品种全部上市，稻谷期货品种序列得以完整建立，符合期货市场服务“三农”的导向。稻谷加工企业可以根据自己所需在期货市场上进行套期保值和风险管理。

另外，不同的稻谷期货品种之间可以进行套利，使主要粮食品种体系得以完整；稻谷期货品种还可以与小麦和玉米形成套利关系。充分的跨品种套利，一是可以为粮食期货市场提供流动性，增加粮食期货市场对于普通投机者的吸引力；二是有利于各个品种之间形成合理的价差，这样有利于抑制过度的投机行为，促进期货市场价格发现功能的实现。

八、稻谷有什么特点？

在生长方面，稻谷是喜温和、喜阳作物，对温度和阳光的要求较高。

在温度方面，生物学零度粳稻为10℃、籼稻为12℃，早粳在气温上稳定在10℃以上（塑料薄膜育秧在8℃左右）播种，15℃以上栽秧；早籼在12℃以上播种，17℃以上栽秧，否则出现烂秧、死苗。北方早粳与南方早籼要避过孕穗期低温冷害（最低气温粳稻不低于15℃，籼稻不低于17℃），否则会造成颖花退化，不实粒增加和抽穗延迟。粳稻安全齐穗期要求日平均气温稳定在20℃以上，无连续3天以上低于20℃的低温。籼稻（包括杂交稻）要求在22℃～23℃以上，无连续2～3天低于22℃～23℃的低温，否则易形成空壳和瘪谷，但气温在35℃～37℃以上（杂交稻32℃以上）造成结实率下降；灌浆结实期要求日平均气温在23℃～28℃之间，温度低时物质运转减慢，温度高时呼吸消耗增加。

在阳光方面，水稻单叶饱和光强一般在 3 万 ~5 万勒克斯左右，而群体的光饱和点随叶面积指数增大而变高，一般最高分蘖期为 6 万勒克斯左右，孕穗期可达 8 万勒克斯以上，但其光合作用随照度的增加不如玉米明显。水稻是短日照作物，不同类型品种对光照长度的反应不同。早稻和中稻无一定出穗临界光长，在短日或长日条件下都可正常出穗，属短日照不敏感型；晚稻品种大都是短日促进出穗，长日延迟出穗，有严格的出穗临界光长，属短日照敏感型。

同时，水稻的种植还不能缺少一定的水分，它的生长期需水量一般在 700 ~1 200 毫米之间。

在存储方面，稻谷具有完整的外壳，能缓和稻米吸湿，对虫霉有一定的抵抗力，所以在保管过程中，稻谷有较高的储藏稳定性。但稻谷的储藏仍具有三种明显的特性：容易陈化，不耐高温；容易发热、霉变、生芽；容易黄变。稻谷保管的原则是“干燥、低温、密闭”，所以一般采取这六种主要措施进行防范：控制水分、清除杂质、分类存储、通风降温、防治害虫和密闭粮堆。

九、稻谷现货市场的参与主体是谁？

在稻谷现货市场上，存在 4 类行为主体：农户、企业、消费者和政府。具体地说，市场参与主体有稻农、稻谷收购企业、农村粮食经纪人、中央及地方稻谷储备库、大型贸易商、中间商、粮食批发市场、稻谷产业化龙头企业、大中型大米加工企业（米厂）以及政府。

这四类市场主体在市场上分别扮演着不同的角色。农民作为早籼稻的生产者，由于生产分散，本来处于弱势群体，在价格上比较被动，但是在国家政策的支持下，农民的种粮和售粮心理对市场价格还是有一定影响的。企业作为经营比较集中的群体，在稻谷的需求方面扮演重要的角色，对价格的影响力比较大。消费者作为分散的终端群体，处于价格接受者的地位。政府为了保障粮食生产的安全稳定，往往会制定政策，既保护农民利益，又稳定市场需求。

十、我国上市稻谷期货的背景是什么？

在我国传统的水稻、小麦、玉米三大粮食作物中，水稻播种面积占粮食作物播种面积的30%左右，稻谷年产量、消费量均在2亿吨左右，约占我国粮食总产量的40%，全国约有2/3的人口以稻米为主食。我国政府高度重视口粮市场安全，提出中国人的饭碗要端在自己手上，要充分保障口粮的自给自足。价格波动的风险是产业面临的重要风险，因而需要工具来转移产业的风险。稻谷期货作为风险管理的重要工具，自此提上日程。

（一）早籼稻期货上市的背景

2007年以来粮食价格的持续走高引起全球震动，粮食的战略地位凸显。2007~2008年，关于粮食是一种战略物资还是获利商品的讨论，在世界各国进行。随着国际粮价一年内超过50%的增长，粮食安全的重要性在数年之后重新被提起。国际粮食价格高企已经引发一些国家的食品危机，粮食生产与安全问题已成为全球性的重大问题，也是我国面临的一项紧迫课题。

中共十七届三中全会通过并于2008年10月19日正式公布的《中共中央关于推进农村改革发展若干重大问题的决定》（以下简称《决定》）明确指出，要确保国家粮食安全；加快构建供给稳定、储备充足、调控有力、高效运转的粮食安全保障体系等。《决定》还特地指出，要“加强农产品期货市场建设”，利用一切可利用的资源和工具确保国家粮食安全，尤其是利用现代金融工具来为传统的农业生产经营保驾护航。

早籼稻期货上市得到各级政府的高度重视，郑州商品交易所多年来一直跟踪研究籼稻市场，数次深入籼稻主产区及销区江西、湖南、湖北、安徽、广东、广西、福建、江苏等地进行调研，广泛征求了现货企业以及交易所内部对上市籼稻期货的意见和建议，完成了籼稻期货可行性研究。在籼稻期货可行性研究的基础上，2007 年 10～11 月，交易所又派人到早籼稻主产区湖南、广西和主销区福建、广东专项调研早籼稻作为期货品种的可行性，重点考察现货企业对早籼稻期货的保值需求情况。早籼稻主产区和主销区的粮食主管部门、行业协会和大型现货企业，认为早籼稻期货在为政府粮食收购政策提供定价依据、仓储企业回避价格风险、加工企业扩展采购渠道以及搞活生产经营等方面具有重要作用。

2009 年 4 月 20 日早籼稻期货在郑州商品交易所挂牌上市，在过去 5 年的市场运行中，早籼稻期货发挥了价格发现功能，当影响价格的重要因素出现重大变动时，早籼稻期货价格能提前灵敏地反映出来。实践证明，早籼稻作为大宗商品，相关企业参与套保的避险需求强烈，早籼稻期货合约及规则设计合理，贴近现货市场需求，是相关企业规避价格风险的重要工具。

（二）晚籼稻、粳稻期货上市的背景

我国是世界唯一的兼有早籼稻、晚籼稻和粳稻大量种植生产的国家，其粳稻、晚籼稻产量和消费量均居世界第一位。晚籼稻一般粒形细长，稻壳薄，腹白大，硬质粒少，米质胀性较大而黏性较弱，主要种植在我国南方地区，占稻谷总产量的 52% 左右；粳稻一般粒形短而椭圆，稻壳厚，腹白小或没有，硬质粒多，米质胀性较小而黏性较强，主要种植在我国北方地区，占稻谷总产量的 32% 左右。

晚籼稻和粳稻是我国最重要的稻谷口粮品种。自 2010 年以来，国内稻谷价格大幅度波动。上涨行情中，价格传导较为顺畅。下跌行情中，产业的避险手段不足，2012 年以来稻谷价格下跌，产业亟须寻找能够规避价格下跌风险的工具。粳稻期货和晚籼稻期货应运而生。

十一、稻谷期货值得投资吗？

近年来，稻谷价格大幅度波动，稻谷相关企业有利用稻谷期货进行价格风险管理的需求。稻谷价格的大幅度波动，给予期货投资者较大的运作空间。

稻谷不仅价格波动大，稻谷产业近年来的运作充分表明，现货市场不仅有价格波动的风险，还有库存的风险、仓容的风险、资金的风险等，这些风险利用稻谷期货市场，可以较好地进行转移。产业和投资者进行稻谷期货投资既能满足避险需求，也能在操作得当时获取超额利润。

十二、稻谷期货上市以来的运行情况如何？

早籼稻期货于 2009 年 4 月 20 日 在郑州商品交易所正式上市，标志着我国稻谷期货正式诞生；2013 年 11 月 18 日，粳稻期货上市交易；2014 年 7 月 8 日晚籼稻期货挂牌交易。至此，稻谷家族三大成员齐聚郑商所。

稻谷期货上市以来，其运行情况可以划分为四大阶段。

第一阶段：2009 年上市初期 ~2010 年 9 月。早籼稻期货经历 1 个完整的作物周期，该期间内，早籼稻期货运行平稳，季节性特征及天气特点表现较为明显。4 ~6 月初，早籼稻期货上市之初，正值消费淡季，现货价格运行平稳，期价整体表现较为平淡，交易不活跃。但在 5 月下旬和 6 月上、中旬，进入早籼稻生产的关键时期，天气异常推动早籼稻价格上涨。7 月下旬进入收购高峰期。9 月，早籼稻期货价格经历了第一次交割的考验，期、现货价格至交割期趋于一致。收购结束后至春节行情前，早籼稻期价表现较为低迷。春节行情启动后，早籼稻价格上扬。早籼稻春耕及中储粮轮换期间，早籼稻价格又进入低迷期。

第二阶段：2010 年 10 月 ~2012 年 8 月。此阶段为早籼稻牛市，现货市场走势较为强劲。早籼稻期货价格自 2010 年 10 月大幅度上涨，伴随着成交持仓放大。至 2012 年 8 月，早籼稻期货价格攀升至 2 849 元/吨后开始回落。

第三阶段：2012 年 9 月 ~2013 年 11 月初。早籼稻步入熊市阶段。2012 年 12 月以前，早籼稻期价虽有反复，但总体回落。至 2013 年，早籼稻期价加速下挫。

第四阶段：2013 年 11 月 ~2014 年 9 月。稻谷期货家族迎来新成员，至 2014 年 7 月三大成员齐聚郑商所。此阶段，早籼稻期货仍然面临着沉重的供应压力，期货价格续跌下行。期货市场迎来新成员，稻谷期货品种之间的套利可以展开。

十三、稻谷期货上市有何重要意义?

稻谷期货的上市，弥补了国内三大谷物独缺稻谷期货的局面。稻谷期货上市的重要意义主要体现在以下几方面。

（一）稻谷期货的上市有利于利用价格发现动能，指导粮食生产

稻谷作为季产年销的农作物，其供给周期较长，供给弹性较小，依据现货市场价格而不是期货市场价格来调节其生产量和生产结构将存在明显的时间滞后问题，最终会增加未来的市场风险。稻谷期货的上市将有效利用期货市场的价格发现功能以及期货价格的真实性、超前性和权威性等特点，弥补现货市场价格在引导稻谷经营与生产方面存在的缺陷，理性指导稻谷生产和流通，极大避免粮食生产与经营的盲目性，明显增加粮食生产的稳健性与灵活性。

（二）稻谷期货上市有利于扩大规模效应、促进粮食生产

随着粮食购销市场化的发展，粮食产业化趋势明显，各地已经出现和正在形成一批省、市级的粮油产业化龙头企业。这些龙头企业充当了农户与销售企业的中介角色，集中承担了过去被农户分散了的粮油价格风险和粮油交割风险。这对粮食龙头企业的经营以及粮食产业化的发展造成了非常大的负面影响，而稻谷期货的上市可以规避价格风险和交割风险，极大地促进了粮食产业化发展和粮食生产。同时，通过早籼稻期货的套期保值来规避风险，而不是让风险在产业化链条的各环节之间相互传递，对于维护农户结成稳定的利益共同体，保障农业产业化的健康发展具有重要的意义。

（三）稻谷期货上市有利于促进稻谷相关信息透明化和公开化

农产品期货市场比现货市场在知识和信息等方面，对参与的农业生产者和经营者提出了更高的要求。农产品期货市场不仅需要参与者具有一定的期货知识，还需要具备一定的现货行业知识储备。稻谷期货上市，可以促使生产者与经营者接收到更大量的公开透明的信息，帮助其打破现货市场的思维，获得更新的经营理念和更广阔的业务平台。

（四）稻谷期货上市可提高中国稻谷定价在全球市场的权威性

稻谷期货的上市对于稳定粮食生产具有重要意义，中国作为全球第一大稻谷生产国和消费国，稻谷期货的推出将对世界稻谷市场产生重要影响。稻谷期货市场的活跃，还将引领国际稻谷期货的价格走向，获得全球稻谷的定价权。

自测题

一、填空题

1. 稻谷和玉米、小麦统称为（　　）。
2. 稻谷是我国重要的粮食作物，占全国谷物产量比重的（　　）。

3. 我国上市的稻谷期货品种是（　　）。

4. 籼稻主产于我国（　　）地区，粳稻主要产地则是（　　）地区。

5. 早籼稻是第（　　）季稻谷，占稻谷产量的比重为（　　）左右。

二、不定项选择题

1. 稻谷期货上市时间为（　　）。

A. 2009 年 4 月 20 日　　B. 2013 年 11 月 18 日

C. 2009 年 3 月 20 日　　D. 2014 年 7 月 8 日

2. 我国的稻谷现货市场参与主体为（　　）。

A. 农户　　B. 企业

C. 消费者　　D. 政府

3. 稻谷是中国三大谷物之一，中国是全球第（　　）大稻谷生产国。

A. 一　　B. 二

C. 三　　D. 四

4. 稻谷加工的主要产品是（　　）。

A. 大米　　B. 谷壳

C. 米糠　　D. 面粉

5. 稻谷期货上市的背景有（　　）。

A. 国际粮价波动大　　B. 国内稻谷价格下跌

C. 国家加强农产品期货市场建设　　D. 稻谷现货购销市场放开

参考答案

一、填空题

1. 谷物　　2. 40%　　3. 早籼稻/晚籼稻/粳稻

4. 南方　北方　　5. 一　16%

二、不定项选择题

1. ABD　　2. ABCD　　3. A　　4. A　　5. ABCD

第二章

稻谷期货合约及制度

本章要点

本章涉及稻谷三大品种的期货合约、交易规则及国际与国内期货市场等内容，并简要介绍参与期货的制度，以便投资者对稻谷期货市场有一个初步了解。

一、期货合约内容有哪些?

期货是一种标准化合同，一种将来必须履行的合约，而不是具体的货物。合约的内容是统一的、标准化的，唯有合约中载明的货物交易价格会因各种市场因素的变化而发生大小不同的波动。

期货合约的内容通常对交易品种的交易单位、报价单位、最小变动价位、每日价格波动限制、交割日期、交割品级、交割地点、交易保证金等制定了统一的规则。内容的统一和标准化，有利于合约的流通转让，便于投资者参与报价。

期货合约对应的“货物”称为标的物，通俗地讲，期货要交易的“货物”就是标的物，它是以合约符号来体现的。标的物为稻谷的标准化合约，就是稻谷期货。例如 RI1405，是一个期货合约符号，表示在 2014 年 5 月到期之前，都可以进行交易，待到合约到期日不平仓，就要交割符合交易所交割质量标准的早籼稻；LR1501，表示 2015 年 1 月交割的合约，标的物是晚籼稻。

稻谷期货有 3 个品种的合约：早籼稻期货合约、粳稻期货合约和晚籼稻期货合约，均为由中国证监会批准上市、在郑州商品交易所挂牌交易的期货合约。期货合约的设计基本延续了主要农产品期货合约设计的思路，有利于稻谷期货合约被市场迅速了解和掌握（见表 2－1）。

表 2－1　　稻谷期货合约

交易品种	早籼稻	晚籼稻	粳稻
交易单位	20 吨/手		
报价单位	元（人民币）/吨		
最小变动价位	1 元/吨		
每日价格波动限制	上一交易日结算价 ±4% 及《郑州商品交易所期货交易风险控制管理办法》相关规定		
最低交易保证金	合约价值的 5%		
合约交割月份	1、3、5、7、9、11 月		
交易时间	每周一～周五（北京时间，法定节假日除外） 上午 9：00～11：30；下午 1：30～3：00（最后交易日交易时间为 9：00～11：30）；粳稻最后交易日交易时间为 9：00～11：30		
最后交易日	合约交割月份的第 10 个交易日		
交割日期	合约交割月份的第 12 个交易日		
交割品级	见《郑州商品交易所期货交割细则》		
交割地点	交易所指定交割仓库		
交割方式	实物交割		
交易代码	RI	LR	JR
上市交易所	郑州商品交易所		

资料来源：郑州商品交易所。

二、稻谷期货合约哪些要素需重点关注？

在上述合约要素中，需重点关注的要素有：交易保证金、最后交易日及最后交割日、交割品级、交割地点。

（一）交易保证金

交易保证金决定了进入期货市场买卖期货合约需要投入的资金是多少，投资者据此测算资金运用量，提高资金的使用效率，实现资源的合理配置。同时，期货市场实行每日无负债结算制度，期货价格的涨跌实时反映在账户中，并影响投资者的可用资金。

（二）最后交易日及最后交割日

最后交割日说明买卖双方的期货合约最后交割日期是什么时候，在这个日期（包括该日）之前，买卖双方必须完成交割，否则就属于违约，交易所会按照相关规定对未履约的一方进行相应处罚。

（三）交割品级

最为重要的因素就是交割品级，交割品级是郑州商品交易所根据《中华人民共和国国家标准 稻谷》和《优质稻谷国标》等一系列规定，再加上通过对各个稻谷主产区的调查研究确定的。符合交割品级的稻谷才能入库进行交割，不符合交割品级的稻谷是不能进入期货市场的。

（四）交割地点

最后一个就是交割地点，设计原则一般以产区为主，兼顾销区，地点一般在湖南、江西、安徽、湖北等地。它决定了符合交割质量标准的稻谷可以存放在哪儿，提货人可以去哪个仓库提取所需要的货物。

三、什么是期货结算价？

期货结算价是指某一期货合约的当日成交价格按照交易量的加权平均价。当日无成交价格的，以上一交易日的结算价作为当日结算价。

例如，当日早籼稻以 2 300 元/吨的价格成交了 1 手，以 2 315 元/吨的价格成交了 2 手，则当日结算价为：（2 300 元/吨 ×20 吨/手 ×1 手 +2 315 元/吨 ×20 吨/手 ×2 手） ÷ （3 手 ×20 吨/手） =2 310 元/吨。

期货结算机构根据当日结算价对会员和客户的交易盈亏进行计算，计算的结果作为收取交易保证金或追加保证金的依据。这个价格相比于收盘价来进行计算更加合理。因为它是以成交量多少为加权依据，即当日所有交易价格中在哪些价格上成交量越大，那么结算价就越接近这些价格，所以结算价是量与价格的有机结合，基本能真实反映出当日的价格重心和多空双方的力量对比。

四、期货的涨跌停板幅度有何意义？

涨跌停板制度，是指期货合约在一个交易日中的成交价格不能高于或低于以该合约上一交易日结算价为基准的某一涨跌幅度，超过该范围的报价即视为无效，不能成交。

涨跌停板制度与保证金制度相结合，对于保障期货市场的运转、稳定期货市场的秩序以及发挥期货市场的功能具有十分重要的作用。

第一，涨跌停板制度为交易所、会员单位及客户的日常风险控制创造了必要的条件。涨跌停板锁定了客户及会员单位每一交易日可能新增的最大浮动盈亏和平仓盈亏，这就为交易所及会员单位设置初始保证金水平和维持保证金水平提供了客观准确的依据，从而使期货交易的保证金制度得以有效实施。一般情况下，期货交易所向会员收取的保证金要大于在涨跌幅度内可能发生的亏损金额，从而保证当日在期货价格达到涨跌停板时也不会出现透支情况。

第二，涨跌停板制度的实施，可以有效地减缓和抑制突发事件和过度投机行为对期货价格的冲击，给市场一定的时间来充分化解这些因素对市场所造成的影响，防止价格的狂涨暴跌，维护正常的市场秩序。

第三，涨跌停板制度使期货价格在更为理性的轨道上运行，从而使期货市场更好地发挥价格发现的功能。市场供求关系与价格间的相互作用应该是一个渐进的过程，但期货价格对市场信号和消息的反应有时却过于灵敏。通过实施涨跌停板制度，可以延缓期货价格波幅的实现时间，从而更好地发挥期货市场价格发现的功能。在实际交易过程中，当某一交易日以涨跌停板收盘后，下一交易日价格的波幅往往会缩小，甚至出现反转，这种现象恰恰充分说明了涨跌停板制度的上述作用。

第四，在出现过度投机和操纵市场等异常现象时，调整涨跌停板幅度往往成为交易所控制风险的一个重要手段。例如，当交割月出现跌停板的单边市场行情时，通过适度缩小跌停板幅度，可以降低价格下跌的速度和幅度，把交易所、会员单位及交易者的损失控制在相对较小的范围之内。

五、合约交割月份为什么不一样？怎样选择合约？

郑州商品交易所在设计稻谷期货合约月份时，主要考虑了农产品期货合约设计特点，稻谷供给、需求及季节性的变化，相关期货品种的套利交易和交割顺畅等方面因素，确定1、3、5、7、9、11月作为稻谷的合约月份。

稻谷期货合约交割月份设计借鉴了国内外通行的离散设计，有助于市场流动性的提高和套期保值交易的开展。

从现货供需规律来看，早籼稻7月中下旬收割，8月上市早籼稻水分达到国标要求可以交割的第一个月份为9月，9月作为新季早籼稻第一个合约月份较为适宜；而粳稻、晚籼稻9、10月开始陆续收割、上市，晚籼稻水分达到国标要求可以交割的第一个月份为11月，11月作为第一个合约月份较为适宜。一般情况下，1月正值春节前后，供需较为旺盛，作为交割月份有利于套期保值和活跃市场。3月以后，稻谷的加工和贸易开始活跃，农户手中余粮销售加快，储备粮轮换进行中，市场氛围较好，5月进入一个小高峰。6月以后各地开始投放稻谷储备，满足加工需求。7月加工企业以消化前期库存以及竞拍政策性粮源为主。9月大中院校开学以及中秋、国庆双节备货，终端大米需求旺盛，现货流通活跃。因此，采用离散设计方案，选取1、3、5、7、9、11月，与现货生产、加工、贸易活跃月份相符。

稻谷与小麦都是重要的粮食作物，将稻谷和小麦期货合约设计保持一致有利于粮食价格风险管理和套利、套保，也有利于投资者的理解和记忆。

买卖双方根据自己库存或者销售时间节点的需求，选择对应的合约时间，在相应的合约时期建立起自己的虚拟库存，或者在该时期将自己的现货头寸提早卖出，锁定利润。

六、稻谷期货的交割质量标准是怎样的?

郑州商品交易所通过调查和研究制定了三个稻谷期货品种的交割质量标准。

（一）早籼稻

1. 基准交割品。符合《中华人民共和国国家标准 稻谷》（GB1350—2009）的三等及以上等级早籼稻谷。早籼稻生产年度为8月1日至次年7月31日，交割单位为20吨。早籼稻基准交割品见表2-2。

表 2-2　　　　　GB 1350—2009 早籼稻谷质量指标

等级	出糙率（%）	整精米率（%）	杂质含量（%）	水分含量（%）	黄粒米含量（%）	谷外糙米含量（%）	互混率（%）	色泽、气味
1	≥79.0	≥50.0						
2	≥77.0	≥47.0						
3	≥75.0	≥44.0	≤1.0	≤13.5	≤1.0	≤2.0	≤5.0	正常
4	≥73.0	≥41.0						
5	≥71.0	≥38.0						
等外	<71.0	—						

三等及以上等级

注："—"为不要求。

2. 替代品及升贴水（见表 2-3）。

表 2-3　　　　　早籼稻替代品指标

指标	本生产年度			非本生产年度		
	基准品	替代品范围		基准品	替代品范围	
入库水分	≤13.5%	13.5%<水分≤14.5%	超 1 扣 2	≤13.5%	13.5%<水分≤14.5%	超 1 扣 2
出库水分	≤13.5%		超 1 补 1	<13.5%		超 1 补 1
入库杂质	≤1.0%	1.0%<杂质≤1.5%	扣 0.5%	≤1.0%	1.0%<杂质≤1.5%	扣 0.5%
		1.5%<杂质≤2.0%	扣 1.0%		1.5%<杂质≤2.0%	扣 1.0%
入库脂肪酸值	≤21mg/100g（干基）			≤25mg/100g（干基）		
入库黄粒米率	≤ 0.5%			≤ 0.7%		
出库黄粒米率	≤ 1.0%			≤ 1.0%		

（1）早籼稻入库时，水分≤13.5%的，足量入库。13.5%＜水分≤14.5%的，以13.5%为基准，水分每超0.1%，扣量0.2%（仅适用于江西、湖南、湖北等主产区）。

（2）早籼稻出库时，水分≤13.5%的，水分减量部分由提货人承担。水分＞13.5%的，以13.5%为基准，水分每超0.1%，补量0.1%，由仓库承担（仅适用于江西、湖南、湖北等主产区）。

（3）早籼稻杂质超过1.0%但不超过1.5%的，扣量0.5%。超过1.5%但不超过2.0%的，扣量1.0%。

（4）入库早籼稻的脂肪酸值不得超过以下规定：本生产年度产早籼稻脂肪酸值不得高于21mg/100g（干基），高于21mg/100g（干基）的，视为非本生产年度产早籼稻。非本生产年度产早籼稻脂肪酸值不得高于25mg/100g（干基）。脂肪酸值一旦超标就无法再降，一般保管条件较好的早籼稻能达到上述标准。

（5）本生产年度产早籼稻入库时，黄粒米不得超过0.5%；非本生产年度产早籼稻入库时，黄粒米不得超过0.7%。出库早籼稻的黄粒米不得超过1.0%。

（6）非本生产年度产早籼稻交割时贴水由交易所另行公告。

（二）晚籼稻

1. 基准交割品。符合《中华人民共和国国家标准 稻谷》（GB 1350—2009）三等及以上等级质量指标的晚籼稻，垩白粒率≤30%且粒型（长宽比）≥2.8，交割单位为20吨（见表2－4）。

2. 替代品及升贴水：晚籼稻各质量指标与基准交割品差异符合以下规定的，可以通过升贴水替代交割（见表2－5）。

（1）晚籼稻入库时：水分≤13.5%的，足量入库；水分＞13.5%的，以13.5%为基准，水分每超0.1%，扣量0.2%。每年10月1日（含该日，下同）起至次年3月31日止入库的晚籼稻，水分不得超过15.0%，其他时间入库的晚籼稻，水分不得超过14.5%。晚籼稻出库时：水分≤13.5%的，足量出库；水分＞13.5%的，以13.5%为基准，水分每超0.1%，补量0.2%，由仓库承担（仅适用于江西、湖南、湖北、安徽等主产区）。

表 2－4　　GB 1350—2009 晚籼稻稻谷质量指标

等级	出糙率（%）	整精米率（%）	杂质含量（%）	水分含量（%）	黄粒米含量（%）	谷外糙米含量（%）	互混率（%）	色泽、气味
1	≥79.0	≥50.0						
2	≥77.0	≥47.0						
3	≥75.0	≥44.0	≤1.0	≤13.5	≤1.0	≤2.0	≤5.0	正常
4	≥73.0	≥41.0						
5	≥71.0	≥38.0						
等外	<71.0	—						

三等及以上等级

注：“—”为不要求。

表 2－5　　晚籼稻期货交割替代品及升贴水指标

指标	10月1日～3月31日			4月1日～9月30日		
	基准品	替代品范围		基准品	替代品范围	
入库水分	≤13.5%	≤15.0%	超1扣2	≤13.5%	≤14.5%	超1扣2
出库水分	≤13.5%		超1补2	≤13.5%		超1补2
入库杂质	≤1.0%	1.0%＜杂质≤1.5%	扣0.5%	≤1.0%	1.0%＜杂质≤1.5%	扣0.5%
		1.5%＜杂质≤2.0%	扣1.0%	≤1.0%	1.5%＜杂质≤2.0%	扣1.0%
出库杂质	≤1.0%	1.0%＜杂质≤1.5%	补0.5%	≤1.0%	1.0%＜杂质≤1.5%	补0.5%
		1.5%＜杂质≤2.0%	补1.0%	≤1.0%	1.5%＜杂质≤2.0%	补1.0%
入库脂肪酸值	≤19mg/100g（干基）			≤22mg/100g（干基）		
出库脂肪酸值	≤22mg/100g（干基）			≤25mg/100g（干基）		

续表

指标	10月1日~3月31日			4月1日~9月30日		
	基准品	替代品范围		基准品	替代品范围	
入库黄粒米比率	≤0.3%			≤0.5%		
出库黄粒米比率	≤0.5%			≤0.7%		
30% <垩白粒率≤40%且粒型（长宽比）≥2.8的，贴水150元/吨						

（2）1.0% <杂质≤1.5%的，入库扣量（出库补量）0.5%；1.5% <杂质≤2.0%的，入库扣量（出库补量）1.0%。

（3）30% <垩白粒率≤40%且粒型（长宽比）≥2.8的，贴水150元/吨。

（4）入出库脂肪酸值及黄粒米率：每年10月1日起至次年3月31日止入库的晚籼稻，脂肪酸值不得高于19mg/100g（干基），黄粒米不得高于0.3%；其他时间入库的晚籼稻，脂肪酸值不得高于22mg/100g（干基），黄粒米不得高于0.5%。

每年10月1日起至次年3月31日止出库的晚籼稻，脂肪酸值不得高于22mg/100g（干基），黄粒米不得高于0.5%；其他时间出库的晚籼稻，脂肪酸值不得高于25mg/100g（干基），黄粒米不得高于0.7%。

（5）垩白粒率及粒型（长宽比）的检验按照《中华人民共和国国家标准 优质稻谷》（GB/T 17891—1999）执行。脂肪酸值的检验按照《稻谷储存品质判定规则》（GB/T 20569—2006）执行。

（三）粳稻

1. 基准交割品。符合《中华人民共和国国家标准 稻谷》（GB1350—2009，以下简称《稻谷国标》）的二等粳稻谷，且垩白粒率≤30%，交割单位为1 000吨（见表2-6）。

表 2－6　　GB 1350—2009 粳稻稻谷质量指标

等级	出糙率（%）	整精米率（%）	杂质含量（%）	水分含量（%）	黄粒米含量（%）	谷外糙米含量（%）	互混率（%）	色泽、气味
1	≥79.0	≥50.0	≤1.0	≤13.5	≤1.0	≤2.0	≤5.0	正常
2	≥77.0	≥47.0						
3	≥75.0	≥44.0						
4	≥73.0	≥41.0						
5	≥71.0	≥38.0						
等外	<71.0	—						

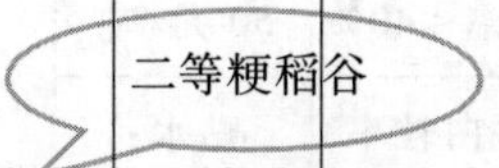

注："—"为不要求。

2．替代品及升贴水：粳稻各质量指标与基准交割品差异符合以下规定的，可以通过升贴水替代交割（见表 2－7）。

表 2－7　　粳稻期货交割替代品及升贴水

指标	10 月 1 日～3 月 31 日			4 月 1 日～9 月 30 日		
	基准品	替代品范围		基准品	替代品范围	
入库水分	≤14.5%	≤15.0%	升贴水：0	≤14.5%	≤15.0%	升贴水：0
入库杂质	≤1.0%	1.0%＜杂质≤1.5%	扣 0.5%	≤1.0%	1.0%＜杂质≤1.5%	扣 0.5%
		1.5%＜杂质≤2.0%	扣 1.0%	≤1.0%	1.5%＜杂质≤2.0%	扣 1.0%
出库杂质	≤1.0%	1.0%＜杂质≤1.5%	补 0.5%	≤1.0%	1.0%＜杂质≤1.5%	补 0.5%
		1.5%＜杂质≤2.0%	补 1.0%	≤1.0%	1.5%＜杂质≤2.0%	补 1.0%
谷外糙米	≤2.0%	2.0%＜谷外糙米≤4.0%	升贴水：0	≤2.0%	2.0%＜谷外糙米≤4.0%	升贴水：0

续表

指标	10月1日~3月31日			4月1日~9月30日		
	基准品	替代品范围		基准品	替代品范围	
垩白粒率	≤30%	30%<垩白粒率≤40%	贴水：50元/吨	≤30%	30%<垩白粒率≤40%	贴水：50元/吨
		垩白粒率>40%	贴水：100元/吨		垩白粒率>40%	贴水：100元/吨
入库脂肪酸值	≤19mg/100g（干基）			≤21mg/100g（干基）		
出库脂肪酸值	≤24mg/100g（干基）			≤24mg/100g（干基）		
入库黄粒米比率	≤0.4%			≤0.4%		
出库黄粒米比率	≤0.6%			≤0.6%		
出糙率≥79%和整精米率≥50%，升水60元/吨 出糙率≥75%和整精米率≥44%，贴水80元/吨						

（1）出糙率和整精米率指标符合《稻谷国标》一等和三等质量指标要求的，一等升水60元/吨，三等贴水80元/吨。

（2）14.5%<水分≤15.0%的，升贴水为零。

（3）1.0%<杂质≤1.5%的，入库扣量（出库补量）0.5%；1.5%<杂质≤2.0%的，入库扣量（出库补量）1.0%。

（4）30%<垩白粒率≤40%的，贴水50元/吨；垩白粒率>40%的，贴水100元/吨。

（5）2.0%<谷外糙米≤4.0%的，升贴水为零（仅适用于黑龙江、吉林、辽宁三省）。

（6）入出库脂肪酸值和黄粒米率：粳稻入库时，黄粒米不得高于0.4%；出库时，黄粒米不得高于0.6%。每年10月1日起入库的粳稻，脂肪酸值不得高于19mg/100g（干基）；次年4月1日起入库的粳稻，脂肪酸值不得高于21mg/100g（干基）。出库时脂肪酸值不得高于24mg/100g（干基）。

（7）垩白粒率的检验按照《中华人民共和国国家标准 优质稻谷》（GB/T17891—1999）中的规定执行。脂肪酸值的检验按照《稻谷储存品质判定规则》（GB/T20569—2006）中的规定执行。

七、稻谷期货交割质量标准是如何制定的？

稻谷期货交割质量标准的制定工作坚持“简单、实用和可操作性强”的原则，以国家标准及有关规定为依托。适度调整若干质量指标，兼顾安全储存和加工需求、顺应行业发展趋势；合理设置品质升贴水，体现优质优价原则；确保交割标的清晰度，避免交割质量纠纷。

就稻谷期货交割质量标准来看，早籼稻期货的定位，就是普通的籼稻品种，对应的是储备粮轮换需求、工业用粮需求、工厂饭堂用米等；晚籼稻期货则是对应口粮市场不断升级的需求，加入了垩白粒率和长宽比指标，在保障一定交割量的前提下，尽可能将晚籼稻期货标准锁定为片优质稻的品种，符合小包装米加工原粮的需求。粳稻期货定位则是东北三省的普通粳稻，是东北最为大宗常见的、产量贸易最大化的品种集合 。

八、稻谷期货的实物交割在哪里完成？

郑州商品交易所根据“产区为主，兼顾销区”的原则设定交割仓库地点，只有在指定的交割仓库才能完成稻谷的实物交割。

早、晚籼稻的交割仓库主要分布在江西、湖南和湖北等地。粳稻的交割仓库主要分布在黑龙江、辽宁和吉林等省份（见表2－8～表2－10）。

表2－8 早籼稻期货指定交割仓库

仓库编号	仓库地址	联系人	联系电话	传真	地址	铁路站
0424	武汉市大花岭粮食储备库	胡志刚	027－81946536	027－81949291	武汉市江夏区大桥街环岭路18号	大花岭
0701	江西中储粮万年直属库	李志峰	0793－3841888 15807933601	0793－3840516	江西万年县城六零南大道82号	万年站
0702	湖南金霞粮食产业有限公司	陈志军	0731－89780539 13974806620	0731－84489559	湖南省长沙市开福区金霞路二段289号	长沙北站
0703	湖南金健粮油实业发展有限责任公司	李子华	0736－7308680 13873659639	0736－7308680	湖南省常德市德山开发区崇德路	常德德山站
0704	湖南永州下河国家粮食储备库	陶晓华	0746－8466615 13874607385	0746－8467446	湖南省永州市冷水滩区零陵路411号	永州东站
0706	江西樟树国家粮食储备库	刘小平	0795－7119868 13970568889	0795－7349257	江西樟树市药都北大道15号	樟树站
0707	江西省温圳粮库	王珍璋	0791－85540486 13807001492	0791－85540985	江西省进贤县温圳镇城北大道169号	温圳粮库粮专线
0708	九江市粮油总公司储备仓库	刘革新	0792－8138902 13979289831	0792－8224553	江西省九江市滨江路577号五丰大厦9楼	九江北站

续表

仓库编号	仓库地址	联系人	联系电话	传真	地址	铁路站
0711	江西中储粮吉安直属库	秦杰	0796－8188354 13979685982	0796－8188718	江西省吉安市青原区学苑路19号	吉安火车站
0713	湖南赤山国家粮食储备库	彭正阳	0737－2286511 13607373282	0737－2286509	湖南省沅江市南嘴镇沅南路8号	益阳站
0717	江西省粮油集团新干购销有限公司	李苏杭	13755423388 0796－2689566 13098868698	0796－2681686	江西省新干县城南工业园	新干站
0718	湖南衡阳三塘国家粮食储备库	徐代发	0734－8722197 13723833485		湖南省衡南县三塘镇环城南路65号	三塘粮库专用线

表2－9　　晚籼稻指定仓库一览表

仓库编号	仓库名称	地址	联系人	联系方式	到站
1401	益海嘉里（南昌）粮油食品有限公司	江西省南昌市南昌县南新乡益海大道99号	裘剑	13803529867 0791－85882592	益海码头
1402	湖北康宏粮油食品有限公司	湖北省黄梅县经济开发区大胜关山工业园	吴毅武	13986269757 0713－3383286	九江码头
1403	中粮粮油安徽国家粮食储备库	安徽省合肥市双凤工业区（金宁路）	黄德林	13856962266 0551－66391007	合肥北站

续表

仓库编号	仓库名称	地址	联系人	联系方式	到站
0713	湖南赤山国家粮食储备库	湖南省沅江市沅南路8号	曹曙波	0737－2288508 0737－2286005	益阳货运站
0424	武汉市大花岭粮食储备库	湖北省武汉市江夏区大桥街环岭路18号	胡志刚	13098868698 027－81949291	大花岭站
0717	江西省粮油集团新干购销有限公司	江西省新干县城南工业园区	刘骞	0796－2687080 0796－2620906	新干河西综合码头

注：所有仓库晚籼稻仓单比期货合约价每吨升贴水：0元。

表2－10　粳稻指定仓库一览表

仓库编号	仓库名称	仓库类型	联系人	联系电话 传真	升贴水（元）	地址	铁路到站
1301	中央储备粮哈尔滨直属库	仓库	杨红艳	0451－87066509 13796089611 0451－87066509	0	哈尔滨市香坊区哈平路新发屯7.5公里	黎明站
1302	中粮米业（绥化）有限公司	仓库 厂库	徐刚	0455－8713026 0455－8713028	0	黑龙江省绥化市经济技术开发区食品工业园区	绥化站
1303	益海嘉里（哈尔滨）粮油食品工业有限公司	仓库 厂库	邢少坤	0451－86783031 13766805505 0451－86783031	0	黑龙江省哈尔滨市平房开发区哈平东路10号	黎明站

续表

仓库编号	仓库名称	仓库类型	联系人	联系电话 传真	升贴水（元）	地址	铁路到站
1304	沈阳市直属粮食储备库	仓库	吴玉兰	024－23788258 13555812303 024－23788258	100	辽宁省沈阳市浑南新区沈营路52号	榆树台站
0415	营口港务集团有限公司	仓库	王印	13940781058 0417－6268923	110	辽宁省营口市鲅鱼圈区营港路1号	鲅鱼圈站
1306	中粮米业（吉林）有限公司	仓库	王权	18643148816 0432－65157077	50	吉林省吉林市吉林经济技术开发区吉孤路668号	新九站
1307	吉林粮食集团米业有限公司	仓库	张博雅	0431－8879033618 9465003360431－ 88790338	30	仓库地址：吉林省舒兰市平安镇	平安站
1308	北京古船米业有限公司	仓库	马永权	15500091990 0431－81996601	30	吉林省榆树市环城工业集中区	榆树站

九、稻谷期货的保证金制度是怎样的？

保证金制度也称押金制度，指交易所规定的达成期货交易的买方或卖方，应缴纳履约保证金的制度。在期货交易中，任何交易者必须按照其买卖期货合约价值的一定比例（通常为5%～10%）缴纳资金，作为其履行期货合约的财力担保，然后才能参与期货合约的买卖，并视标的物价格确定是否追加资金，这种制度就是保证金制度，所交的资金就是保证金。

期货合约的交易保证金标准按照该期货合约上市交易的一般月份（挂牌上市之日起至交割月前2个月）、交割月前一个月份、交割月份三个期间依次管理（见表2－11）。

表2－11 稻谷期货分阶段保证金

一般月份	交割月前一个月份	交割月份
5%	上旬：5%	20%
	中旬：10%	
	下旬：15%	

交易过程中，当日开仓按照该期货合约前一交易日结算价收取相应标准的交易保证金。当日结算时，该期货合约的所有持仓按照当日结算价收取相应标准的交易保证金。

十、稻谷期货的限仓制度是怎样的？

限仓制度，是期货交易所为了防止市场风险过度集中于少数交易者和防范操纵市场行为，对会员和客户的持仓数量进行限制的制度。为了使合约到期时的实物交割数量不至于过大，引发大面积交割违约风险，一般情况下，距离交割期越近的合约月份，会员和客户的持仓限量越小。

期货合约的限仓数量按照该期货合约上市交易的一般月份、交割月前一个月份、交割月份三个期间的不同，分别适用不同的限仓标准。

稻谷期货合约限仓规定如下：

第一，期货公司会员不限仓；第二，非期货公司会员和客户限仓规定见表2－12。

表 2－12　　非期货公司会员及客户最大单边持仓　　单位：手

品种	一般月份	交割月前一个月份			交割月份（自然人客户限仓为0）
		上旬	中旬	下旬	
早籼稻	7 500	7 500	1 600	800	400
晚籼稻	20 000	20 000	8 000	3 000	500
粳稻	20 000	20 000	8 000	3 000	500

交割月前一个月的最后一个交易日收盘前，会员及客户应当将其期货合约持仓调整为最小交割单位的整倍数；自进入交割月起，会员及客户的持仓应当是最小交割单位的整倍数。

十一、如何参与稻谷期货交易？

一是找到对稻谷期货投研最为扎实的期货公司，开立期货交易账户，并掌握交易软件的应用。

二是要熟悉稻谷期货合约，了解稻谷期货交易交割相关规则。

三要对稻谷的供求信息有一定的了解，多与期货公司相关专业人员沟通，获取有效的交易信息。

四是要在交易前，就对风险有所了解，制定好计划，并执行相应计划。

五是根据所掌握的期货规则、分析的交易机会，进行实盘交易。在这个过程中与相关专业人员保持沟通。

十二、稻谷期货交易信息怎么查?

可登录郑州商品交易所网站查询，可以在交易数据栏查找期货交易相关信息。每日行情、结算参数可以帮助投资者核对账户资金及盈亏信息。持仓排名、套保持仓等信息，有助于投资者了解期货市场品种投资的汇总交易持仓信息（见图2－1）。

图2－1 稻谷期货交易信息查询

资料来源：郑州商品交易所。

十三、稻谷期货交割制度是怎样的?

期货交割是指期货合约到期时，按照交易所的规则和程序，交易双方通过该期货合约标的物所有权的转移，了结到期未平仓合约的过程。

稻谷期货交割是通过标准仓单来实现整个交割流程的，所以实施的是3日交割法：配对日、通知日和交割日。其中交割方式有仓库交割和厂库交割两种，是指卖方通过将指定交割仓（厂）库开具的相关商品仓库仓单转移给买方以完成实物交割的交割方式。

早籼稻、晚籼稻、粳稻期货合约的交割基准价为该期货合约的基准交割品在基准仓库的散粮交货（不含包装物）含税价格。

交割结算价为期货合约配对日前10个交易日（含配对日）交易结算价的算术平均价。

十四、稻谷期货交割信息怎么查?

稻谷期货交割信息包括交割配对情况、交割结算价、套期保值信息、仓单日报等。

通过登录交易所网站查询，投资者可以方便快捷地找到交割产生的相关信息，可以节约投资者查询信息的时间，以便投资者进行更为合理的投资决策、交割决策（见图2-2）。

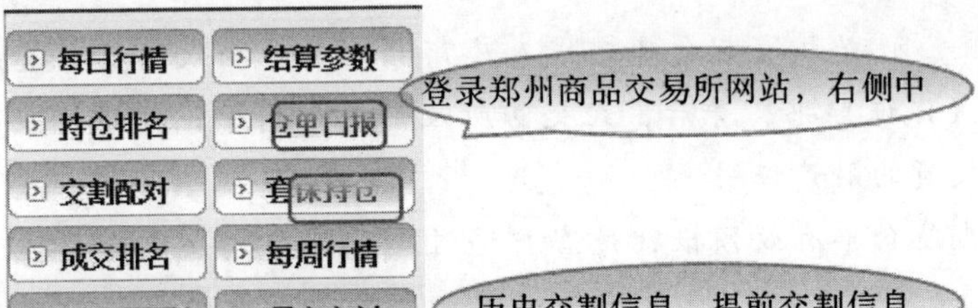

图2-2　稻谷期货交割信息查询

自测题

一、填空题

1. RI1501 是一个期货合约符号，表示（　　）年（　　）月交割的早籼稻合约。

2. 稻谷期货由中国证监会批准上市，目前在（　　）交易所挂牌交易。（　　）交易所规定稻谷期货的交易时间为每周一～周五的上午 9：00～11：30 和下午 1：30～3：00，合约的交易单位是（　　），交割月份采用的是（　　）月交割，即（　　）月。最小变动价位为 1 元/吨，即（　　）元/手。每日价格波动限制在上一交易日结算价的（　　）。

3. 每一个期货品种都有许多不同月份的交易合约，其中持仓量最大的月份交易合约，我们称之为（　　），因为它代表了这个期货品种总的走向，具有代表性，而且一般情况它的交易量也是最大的，是多空争夺的主要阵地。作为投资者应尽量在这个月份交易合约，进出也非常方便，市场的流动性非常充分。稻谷期货作为农产品类期货品种，和其他农产品期货相似，交易活跃和持仓量较大的一般都集中在（　　）月、（　　）月和（　　）月合约上。

4.（　　）是指交割仓库完成入库商品检验、确认合格并签发《货物存储证明（保证）书》等后，经交易所注册，可用于证明货主拥有实物或者可予以提货的财产证明。

稻谷期货仓单有效预报就是客户通过期货公司向交割仓库递交《交割预报单》，仓库同意接收稻谷入库，并向交割仓库缴纳（　　）的交割预报定金后，仓库向客户开具的《入库通知单》，有效期为 40 天，在该期限内的交割预报都是有效的。

二、不定项选择题

1. 早籼稻上一交易日结算价为 2 050 元，今日涨停价是（　　）元。

A. 2 112　　B. 2 132

C. 2 153　　D. 1 989

2. 非本年生产的早籼稻符合交割标准需贴水（　　）元。

A. 10　　B. 20

C. 30　　D. 40

3. 早籼稻期货、晚籼稻期货、粳稻期货的代码分别是（　　）、（　　）、（　　）。

A. ER　　B. RI

C. LR　　D. JR

4. 参与稻谷期货交易要准备的事项有（　　）。

A. 开立账户、掌握交易软件

B. 熟悉期货合约及相关制度

C. 了解稻谷供求关系

D. 注意风险控制

5. （　　）是稻谷期货的最后交易日。

A. 合约交割月份的倒数第 7 个交易日

B. 合约交割月份的第 7 个交易日

C. 合约交割月份的第 10 个交易日

D. 合约交割月份的第 15 个交易日

6. 下面对早籼稻交割的规定描述正确的是（　　）。

A. 早籼稻的整精米率小于 44% 的，无升贴水

B. 早籼稻入库时，水分 ≤13.5% 的，足量入库；13.5% < 水分 ≤ 14.5% 的，以 13.5% 为基准，水分每超 0.1%，扣量 0.2%（仅适用于江西、湖南、湖北等主产区）

C. 早籼稻出库时，水分 ≤13.5% 的，水分减量部分由提货人承担；水分 >13.5% 的，以 13.5% 为基准，水分每超 0.1%，补量 0.1%，由交割仓库承担（仅适用于江西、湖南、湖北等主产区）

D. 入库早籼稻脂肪酸值的规定：本年度生产早籼稻脂肪酸值不得高于 21mg/100g（干基），非本年生产早籼稻谷脂肪酸值不得高于 25 mg/100g（干基）

参考答案

一、填空题

1. 2015　1

2. 郑州商品　郑州商品　20吨/手　单　1、3、5、7、9、11　20　±4%

3. 主力合约　1　5　9

4. 标准仓单　30元/吨

二、不定项选择题

1. B　2. D　3. BCD　4. ABCD　5. C　6. BCD

第三章

稻谷的种植

本章要点

本章主要介绍了稻谷的种植与生产状况，涉及稻谷的分类、生长阶段、产量，并对稻谷产区分布情况及产区自然条件作了介绍；对全球稻谷的种植和生长周期也作了简要介绍，以方便投资者了解全球稻谷市场。

一、稻谷的种植历史和生产现状是怎样的?

稻谷源于亚洲和非洲的热带和亚热带地区。稻谷的栽培历史可追溯到公元前 3 000 年的印度，后逐渐向西传播，中世纪引入欧洲南部。除称为旱稻的生态型外，稻谷都在热带、亚热带和温带等地区的沿海平原、潮汐三角洲和河流盆地的淹水地栽培。世界上近一半人口，包括几乎整个东亚和东南亚的人口，都以稻米为主食。大米是我国最主要的口粮品种，国内约65%的人口以大米为主食，所以稻谷的生产在国内具有重要的地位。

稻谷是我国第一大粮食作物，播种面积最大、总产最多、单产最高，在粮食生产和消费中历来处于主导地位。在过去30年中，我国稻谷种植面积常年在2 900万~3 300万公顷左右，占我国粮食总面积的30%左右。我国稻谷年产量1.8亿~2亿吨（折合大米1.26亿~1.4亿吨）左右，约占我国粮食总产量的40%，占谷物总产量的45%左右，占商品粮的50%左右。可以说，稳定了水稻的生产，在很大程度上就稳定了我国的粮食供给；发展了水稻产业，就极大地发展了我国粮食产业。

二、稻谷的主产区域及产量如何分布？

我国稻作分布广泛，从南到北稻区跨越了热带、亚热带、暖温带、中温带和寒温带5个温度带。从总体看，由于纬度、温度、季风、降雨量、海拔高度、地形等的影响，我国稻作区域的分布呈东南部地区多而集中、西北部地区少而分散、西南部垂直分布、从南到北逐渐减少的格局。水稻种植区域以南方为主，南方稻作区占全国总播种面积的82%，其中长江流域水稻面积约占全国的59%；北方稻作区约占全国播种面积的18%。

稻谷播种面积和产量较大的省份有湖南、江西、广西、广东、四川、安徽、江苏、湖北、浙江、福建、云南、黑龙江12个省份，其播种面积和产量分别占全国的85%和86%（见表3-1）。

表3-1　　2012年主产省份稻谷种植面积与产量

地区	面积（万亩）	产量（万吨）	亩产（公斤）	品种
湖南	6 099.45	2 575.4	422.23	籼稻
黑龙江	4 418.33	2 062.08	466.71	粳稻

续表

地区	面积（万亩）	产量（万吨）	亩产（公斤）	品种
江西	4 976.57	1 950.1	391.86	籼稻
江苏	3 372.95	1 864.16	552.68	粳稻/籼稻
湖北	3 054.24	1 616.91	529.4	籼稻
四川	3 011.85	1 527.1	507.03	籼稻
安徽	3 346.23	1 387.08	414.52	粳稻/籼稻
广东	2 911.38	1 096.9	376.76	籼稻
广西	3 117.8	1 084.1	347.71	籼稻
云南	1 610.18	668.67	415.28	粳稻
浙江	1 342.16	649.03	483.57	籼稻
吉林	1 036.87	623.5	601.33	粳稻
全国	45 085.56	20 100.09	445.82	粳稻/籼稻

资料来源：国家统计局。

从品种来看，我国早籼稻种植地区包括湖南、江西、广西、广东、湖北、安徽、福建、浙江、海南、云南、四川、贵州、重庆13个省份，前8个省份为主要产区，其中，湖南、江西、广西、广东是全国早籼稻种植面积和产量最大的4个省份，产量都在500万吨以上，播种面积和产量占全国80%左右；加上湖北和安徽，6个省份播种面积和产量占全国90%左右（见表3－2）。

表3－2　　2012年主产省份早籼稻播种面积和产量

地区	面积（万亩）	占比（%）	产量（万吨）	占比（%）	亩产（公斤）
全国	8 647.35	100.0	3 329.1	100.0	384.99
湖南	2 137.05	24.7	818.7	24.6	383.1
江西	2 084.3	24.1	800.2	24.0	383.92
广西	1 394.7	16.1	544.9	16.4	390.69
广东	1 403.58	16.2	534.34	16.1	380.7

续表

地区	面积（万亩）	占比（%）	产量（万吨）	占比（%）	亩产（公斤）
湖北	527.66	6.1	208.87	6.3	395.85
安徽	356.31	4.1	132	4.0	370.46
福建	301.62	3.5	121.06	3.6	401.37
海南	215.21	2.5	76.42	2.3	355.1
浙江	166.02	1.9	66.82	2.0	402.48
云南	59.27	0.7	25.1	0.8	423.52

资料来源：国家统计局。

中晚籼稻主要分布在南方14个省份，其中湖南、江西、湖北、安徽、四川、广东、广西是中晚籼稻的主要产区，7个省份种植面积占全国中晚籼稻种植面积的76%，产量占全国中晚籼稻产量的79%。由于中晚籼稻又分为中稻和晚稻，中稻单产远高于晚籼稻，中稻生产的代表省份为湖北和四川，其余省份主要是晚籼稻（见表3－3）。

表3－3　2012年主产省份中晚籼稻播种面积和产量

地区	中晚稻面积（万亩）	占比（%）	中晚稻产量（万吨）	占比（%）	亩产（公斤）
全国	23 598.15	100.0	10 316.9	100.0	437.19
江西	2 908.21	12.3	1 175.8	11.4	404.30
湖南	4 005.63	17.0	1 812.93	17.6	452.60
湖北	2 499.17	10.6	1 442.51	14.0	577.20
安徽	2 366.27	10.0	989.9	9.6	418.34
广东	1 520.49	6.4	592.23	5.7	389.50
广西	1 691.7	7.2	597.1	5.8	352.96
四川	2 995.05	12.7	1 535.4	14.9	512.65

资料来源：国家统计局，中华粮网。

粳稻生产省份有24个，主要有东北三省和江苏、浙江、安徽、云南四省，这7个省粳稻播种面积和产量约占全国粳稻播种面积和产量的85%。

目前，我国商品粳稻平均年产量在 4 000 万吨以上，其中黑龙江省约占 60%（见表 3 –4）。

表 3 –4　　2012 年主产省份粳稻种植面积和产量

地区	面积（万亩）	占比（%）	产量（万吨）	占比（%）	亩产（公斤）
黑龙江	5 170. 5	41. 0	2 060	30. 4	398. 4
江苏	2 773. 5	22. 0	1 585	23. 4	571. 5
吉林	1 218	9. 7	650	9. 6	533. 7
辽宁	1 018. 5	8. 1	500	7. 4	490. 9
云南	793. 5	6. 3	328	4. 8	413. 4
浙江	616. 5	4. 9	316	4. 7	512. 6
安徽	606	4. 8	320	4. 7	528. 1
全国	12 600	100. 0	6 780	100. 0	538. 1

资料来源：国家统计局，中华粮网。

我国的稻谷在生产上大体上可划分为南北两大稻区：按秦岭—淮河一线分界，长江流域及以南的主要省份江西、湖南、湖北、四川、广东、广西、福建、浙江等为中国南方稻区，以种植籼稻为主，江苏、安徽籼粳并存；黑龙江、吉林、辽宁为中国北方稻区，基本上种植粳稻。

三、稻谷的生长阶段怎么划分？

水稻的自然生长发育过程可以分为 3 个阶段。从种子萌发至幼穗开始分化前是单纯的营养生长期，形成根、茎、叶等营养器官；幼穗开始分化至抽穗前为营养生长与生殖生长并进期，最后 3 片叶及稻穗形成；抽穗至成熟是单纯的生殖生长期，经历开花、乳熟、蜡熟、完熟等时期（见表 3 –5）。

表 3-5　　稻谷自然生长发育过程

阶段	时间跨度	形成
营养生长期	种子萌芽—幼穗分化前	根、茎、叶等营养器官
营养生长与生殖生长并进期	幼穗分化—抽穗前	最后 3 片叶及稻穗
生殖生长期	开花、乳熟、蜡熟、完熟	稻谷

习惯上把水稻的生长发育过程划分为“2 个阶段 4 个时期”，即以幼穗开始分化为界，幼穗开始分化前称为营养生长阶段，幼穗开始分化后称为生殖生长阶段。在高产栽培中为便于掌握生育进程，又把它分为幼苗期、分蘖期、幼穗形成期及开花灌浆结实期。在实际操作时，移栽插秧的幼苗期为秧田期，移栽后称本田期，它也分为 3 个时期：前期，从移栽返青到分蘖高峰；中期，稻穗分化形成；后期，从始穗扬花到灌浆成熟（见图 3-1）。

品种	生育期
早稻	90~120天
中稻	125~150天
晚稻	150~180天

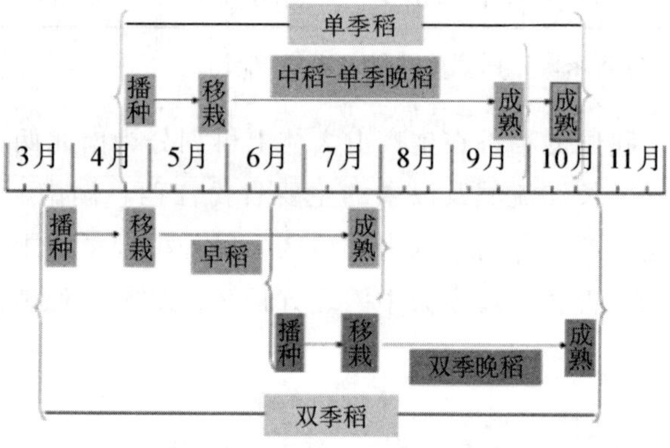

早稻、中稻和晚稻的生长阶段

图 3-1　稻谷生长周期及阶段图示

资料来源：瑞奇期货。

一般在每年 7 月，国内新产早稻陆续开镰，7 月中旬早籼稻进入大面积收割阶段，8 月早籼稻集中上市。9 月中旬，国内中稻和一季晚稻进入成熟期，新产中稻（一季稻）开始收割，南方双季晚稻进入抽穗期。10 月，新产中稻陆续上市。11 月，新产晚籼稻、晚粳稻收获完毕，双季稻主产区迎来晚稻上市季节。各稻谷主产省份早稻、中稻和晚稻的稻作期见表 3-6 ~ 表 3-8。

表 3－6　　稻谷主产省份早稻的稻作期

月份	旬度	江西	湖南	湖北	安徽	广西	广东
7	中旬	成熟	成熟	成熟	成熟	成熟	成熟
	上旬	乳熟	成熟	乳熟	乳熟	成熟	乳熟
6	中旬	抽穗	抽穗	抽穗	孕穗	灌浆	抽穗
	上旬	孕穗	孕穗	孕穗	分蘖	孕穗	孕穗
5	下旬	分蘖	分蘖	分蘖	分蘖	分蘖	分蘖
	上旬	返青	返青	移栽	移栽	分蘖	分蘖
4	下旬	移栽	移栽	育秧	育秧	分蘖	返青
	中旬	育秧	出苗			返青	移栽
	上旬	育秧	出苗			育秧	育秧
3	下旬	出苗	播种			育秧	育苗
	中旬	播种				育苗	出苗
	上旬	始播					播种
2	下旬						始播

资料来源：中国种植业信息网农时数据库。

表 3－7　　稻谷主产省份中稻和一季晚稻的稻作期

月份	旬度	湖南	湖北	江西	安徽
9	下旬	成熟	成熟	成熟	
	中旬	乳熟	成熟	乳熟	成熟
	上旬	乳熟	乳熟	灌浆	乳熟
8	下旬	乳熟	乳熟	抽穗	灌浆
	中旬	灌浆	抽穗	孕穗	抽穗
7	下旬	孕穗	孕穗	分蘖	分蘖
	中旬	分蘖	分蘖	返青	分蘖
	上旬	分蘖	分蘖	移栽	分蘖

续表

月份	旬度	湖南	湖北	江西	安徽
6	中旬	分蘖	分蘖	移栽	返青
	上旬	返青	返青	育秧	移栽
5	下旬	移栽	育秧	出苗	移栽
	上旬	育秧	育秧		育秧
4	下旬	出苗	出苗		出苗
	中旬	播种	播种		

资料来源：中国种植业信息网农时数据库。

表 3-8　　稻谷主产省份双季晚稻的稻作期

月份	旬度	湖南	湖北	江西	安徽
10	下旬	成熟			
	中旬	成熟	成熟	成熟	成熟
	上旬	成熟	乳熟	乳熟	乳熟
9	下旬	乳熟	乳熟	乳熟	抽穗
	中旬	灌浆	抽穗	抽穗	孕穗
	上旬	抽穗	孕穗	孕穗	分蘖
8	下旬	孕穗	孕穗	分蘖	分蘖
	中旬	分蘖	分蘖	分蘖	分蘖
	下旬	分蘖	返青	返青	返青
7	中旬	移栽	移栽	育苗	育苗
	上旬	出苗	出苗	出苗	出苗

资料来源：中国种植业信息网农时数据库。

四、稻谷种植户是怎样的结构?

我国耕地面积有18亿亩，人均耕地面积为1.5亩。自20世纪80年代实行家庭联产承包责任制以来，耕地细碎化经营。尤其是南方地区，多丘陵山地，稻田分布零散，散户种植的特点更为明显。

中国加入世贸组织以后，农村部分劳动力解放出来。土地使用权流转出现，种粮大户开始出现，从百亩到千亩、甚至上万亩土地集中承包的情况出现。部分省市鼓励种粮大户，给予现金奖励、农机具补贴、金融贷款支持等措施。

2013年江西百亩以上种粮大户超过13 200户，同比增长7.2%；千亩以上大户350户以上。规模种植面积超过320万亩，占江西稻谷种植面积的8%。湖南省政府引导、鼓励种粮大户，采取土地流转形式，从政策上进行支持。

五、稻谷通常分哪几种类型?

稻谷可以根据不同的分类标准而划分为不同类型。

（一）按生产地域分可分为籼稻和粳稻

它们是在不同温度条件下形成的两个普通栽培稻亚种，籼稻主要分布在秦岭、淮河以南的平原，粳稻主要分布在秦岭—淮河以北及以南的高寒山区。籼稻亚种与粳稻亚种在生理特性、栽培特点、形态特征上均有区别。

籼稻是籼型非糯性稻的果实，具有耐热、耐湿、耐强光和忌寒冷的特点。籽粒一般为细长形，长度是宽度的三倍以上，扁平，茸毛短而稀，一般无芒，即使有芒也很短，稻壳较薄，腹白较大，角质粒较少，加工时容易出碎米，出米率较低，米质胀性较大而黏性较小。

粳稻是粳型非糯性稻的果实，具有耐寒、耐弱光和忌高温的特点。籽粒一般呈椭圆形，粒短，长度是宽度的1.4～2.9倍，茸毛长而密，芒较长，稻壳较厚，腹白小或没有，角质粒多，加工时不易产生碎米，出米率较高，米质胀性较小而黏性较大。

（二）根据播种期、生长期和成熟期的不同，可分为早稻、中稻和晚稻三类

凡全生育期（播种—成熟）125天以内的为早稻，125～150天为中稻，150天以上为晚稻。早、中、晚稻在生理特性、栽培特点上均有区别。

（三）根据米质，可分为普通稻和优质稻

目前公认的优质稻米标准是：出米率和整粒精米率高，垩白（包括心白、腹白和背白）小，米粒半透明，中长和细长形，直链淀粉含量适中，糊化温度适中，软的胶稠度，蛋白质含量高，耐储存等。按国家定级标准，各项指标均达到三级及三级以上的稻谷称为优质稻谷，分一级优质稻谷、二级优质稻谷、三级优质稻谷。不少地区正在大力推广和扩大其种植规模，将发展优质稻作为调整粮食种植结构、挖掘地方资源优势、促进地方经济发展和农民增收的重要战略。

（四）根据遗传学特性，可分为常规稻和杂交稻

常规稻的基因型是纯合的，其子代性状与上代相同，因此它不需要年年制种，只要做好防杂保纯工作，就可以连年种植，利于良种的加速繁殖。杂交稻的基因型是杂合的，子代性状与上代分离，制种不孕率高，所以需要每年制种。水稻具有明显的杂种优势现象，主要表现在生长旺盛、根系发达、穗大粒多、抗逆性强等方面，因此，利用水稻的杂种优势可以大幅度提高水稻产量。杂交稻主要是中晚籼稻品种。

六、全球稻谷主要种植区域及产量是如何分布的？

除了南极洲，全球各大洲都有稻谷种植，全球稻谷产区主要集中在亚洲，其稻谷播种面积占全球的近90%，产量占全球的91%。其次是南美洲（3.2%）、非洲（2.9%）、北美洲（1.4%），中美洲、欧洲和大洋洲合计仅占2.5%。中国产量居世界第一位，其次是印度、印度尼西亚、越南、泰国、缅甸、菲律宾等国家。近年来，世界稻谷产量逐年增加，不仅传统的稻谷种植地区产量稳中有升，美国与拉丁美洲等国家和地区越来越多的耕地用于稻谷种植。稻谷作为粮食中的高产品种，其种植面积和区域的扩大，有利于解决日益增加的人口面临的粮食短缺问题。中国和印度稻谷产量分列第1、2位，2012年度，中国稻谷产量20 593.6万吨，印度产量15 780万吨，两国产量合计占全球稻谷产量的50%以上（见表3－9）。

表3－9　2000～2013年全球稻谷主产国产量　（单位：万吨）

年度	中国	印度	印度尼西亚	越南	泰国	菲律宾	巴西	日本	美国	巴基斯坦	韩国
2000	18 981.4	12 746.5	5 189.8	3 253	2 584.4	1 238.9	1 109	943.4	865.8	720.4	719.7
2001	17 930.5	13 990	5 046.1	3 210.8	2 803.4	1 295.5	1 018.4	900.2	976.4	582.3	740.7
2002	17 634.2	10 773	5 149	3 444.7	2 799.2	1 327.1	1 045.7	883.8	956.9	671.8	668.7
2003	16 230.4	13 278.9	5 213.8	3 456.9	2 947.4	1 350	1 033.5	779.2	906.7	727.1	601.5
2004	18 052.3	12 469.7	5 408.8	3 614.9	2 853.8	1 449.7	1 327.7	873	1 054	753.7	673.7
2005	18 205.5	13 769	5 415.1	3 583.3	3 029.2	1 460.3	1 319.3	907.4	1 010.8	832.1	643.5
2006	18 327.6	13 913.7	5 445.5	3 585	2 964.2	1 532.7	1 152.7	855.6	882.6	815.8	641.1
2007	18 739.7	14 457	5 715.7	3 594.3	3 209.9	1 624	1 106.1	871.4	899.9	834.5	603.8
2008	19 328.4	14 803.6	6 025.1	3 873	3 165.1	1 681.6	1 206.1	882.3	924.1	1 042.8	691.9

续表

年度	中国	印度	印度尼西亚	越南	泰国	菲律宾	巴西	日本	美国	巴基斯坦	韩国
2009	19 668.1	13 567.3	6 439.9	3 895	3 211.6	1 626.6	1 265.1	1 059.2	997.2	1 033.4	702.3
2010	19 721.2	14 396.3	6 646.9	4 000.6	3 440.9	1 577.2	1 123.6	1 060.4	1 102.7	732.5	613.6
2011	20 266.7	15 790	6 574.1	4 239.8	3 612.8	1 668.4	1 347.7	1 050	838.9	919.4	603.4
2012	20 593.6	15 780	6 905.6	4 366.2	3 746.9	1 803.2	1 155	1 065.4	905.1	940	593.4
2013	20 501.5	15 920	7 128	4 407.6	3 878.8	1 843.9	1 175.9	1 075.8	861.3	980	563.2

资料来源：联合国粮农组织（FOA）统计数据库。

七、全球稻谷的生长周期是怎样的？

稻谷生产主要分布在北半球，但因为稻谷播种所跨的纬度较大，稻谷播种和收获的时期各有不同。东南亚稻谷最早可以在1月播种，而印度稻谷最晚的收获时期可以到1月。从理论上来说，东南亚地区全年都适合稻谷生长，但一般最主要的播种季还是在春夏，而大量收获时期则集中在9～11月。全球纬度较低的热带地区一般稻谷可以一年栽插三季，达到一年三熟，而随着纬度的增加，稻谷向一年两熟至一年一熟过渡（见表3－10）。

表3－10　　全球主要稻谷生产国稻谷生长周期

	播种期	收获期	大量收获期
亚洲			
中国			
早稻	2～5月	6～7月	7月
中稻	3～5月	8～10月	9月

续表

	播种期	收获期	大量收获期
晚稻	6~7月	10~11月	
北方粳稻	4月中旬~6月中旬		9月
印度			
早熟季	3~5月	6~12月	8~10月
主要产季	6~10月	11~次年4月	11~次年1月
菲律宾			
主要产季	7~9月	11~1月	12月
次要产季	1~2月	4~6月	5月
第三产季		5~6月	9~11月
泰国			
主要产季			
北方	5~6月	11~1月	11~1月
东北	6~8月	11~1月	
中部	6~7月	11~2月	
南部	9~11月	3~5月	
次要产季	1~5月	6~8月	
越南			
主要产季			
北部	5~9月初	9月底~11月	
中部	5~9月	9~12月中旬	
南部	3~10月初	11月底~2月	
印度尼西亚			
主要产季			
爪哇岛	10~3月	2~6月	3~5月
苏拉威西南部	5~6月	8~10月	8~9月

续表

	播种期	收获期	大量收获期
苏门答腊北部	7～11 月	12～3 月	1～3 月
苏门答腊南部	10～1 月	1～6 月	4～6 月
日本	4～5 月	9～11 月	10 月
朝鲜	5～6 月	9～10 月	9 月
韩国	6～7 月	10～11 月	10 月
巴基斯坦	4 月中旬～7 月中旬	10 月中旬～11 月	11 月初
南美			
巴西			
南部	8～10 月	次年 2～5 月	3～4 月
东北	3～5 月	8～10 月	10 月
北部	11～12 月	次年 4～6 月	次年 5 月
北美			
美国			
美湾地区	4～6 月	8～10 月	8 月底～9 月
加州	4～6 月	9 月中旬～11 月	10 月

资料来源：国际水稻研究中心。

八、我国稻谷主产区的自然条件及灌溉条件如何？

稻谷产区分布广泛，这里主要选择五个重要的生产省份进行介绍：长江流域的湖南、江西、湖北，南部的广东地区，东北粳稻产区黑龙江省。

（一）长江流域

湖南位于长江中游的南部，居东经108°47′~114°15′，北纬24°39′~30°08′之间。就气候而言，湖南属亚热带季风湿润气候，四季分明，严寒期较短。年平均气温在16℃~18℃之间，年降水量在1 200~1 700毫米之间，日照1 300~1 900小时，无霜期多达270~310天。这些气候因素均有利于亚热带农作物水稻的培植与生长，加之湘中盆地和湘北平原土地肥沃，且洞庭湖水系水产丰饶，有利于早籼稻生长发育。耕地灌溉条件方面，湖南实有耕地5 724万亩，其中水田4 375万亩，有效灌溉面积4 045.5万亩，旱涝保收面积3 927万亩，占耕地比重68.6%。

江西地处北回归线附近，气候温和，年平均气温18℃；雨量充沛，年平均降水量1 637.9毫米。纵横全省的2 400多条河流汇入中国最大的淡水湖——鄱阳湖而注入长江，并形成了鄱阳湖平原地区，为全省早稻的主产区域之一。全省水资源总量1 416亿立方米，水面积167万公顷，占全国淡水总面积近10%，人均水拥有量高于全国平均水平。江西亚热带湿润气候特征明显，天气条件适宜稻谷生长。耕地方面，江西耕地面积3 220.4万亩，其中有效灌溉面积2 760万亩，占耕地面积比85.7%，旱涝保收面积2 218万亩，占耕地面积比重68.9%。

湖北省位于长江中游，亚热带季风气候，全年平均气温15~17℃。降水地域分布呈由南向北递减趋势，全省夏季雨量在300~700毫米之间，冬季雨量在30~190毫米之间。6月中旬至7月中旬雨量最多，强度最大，是湖北的梅雨期。在全省总面积中，山地占56%，丘陵占24%，平原湖区占20%。耕地5 850万亩，粮食种植面积6 388万亩（部分耕地种两季，分秋收作物和越冬作物）。

（二）南部地区

广东省地处中国南端，是典型的亚热带季风气候，年平均气温约为19℃~24℃。降水充沛，年平均降水量在1 300~2 500毫米之间，全省平均为1 777毫米。降雨的空间分布基本上也呈南高北低的趋势。广东宜农地6 150万亩，是中国人多地少的省份之一。

（三）东北地区

黑龙江省位于中国东北部，属温带大陆性季风气候，全省年平均气温在-5℃~5℃之间，年降水量多介于400~650mm之间。农用地面积59 253万亩，占全省土地总面积的83.5%；未利用地9 233万亩，占全省土地总面积的13.01%；农用耕地17 807万亩，占农用地的30%。黑龙江农地广袤，是粳稻增产最主要的贡献地。

九、全球其他稻谷种植区域的自然条件是怎样的？

（一）泰国自然条件

泰国是中国的近邻，位于中南半岛中南部，地处北纬5°37~20°27和东经97°22~105°37之间。从地形上划分为四个自然区域：北部山区丛林、中部平原的广阔稻田、东北部高原的半干旱农田，以及南部半岛的热带岛屿和较长的海岸线。泰国地处热带，绝大部分地区属于热带季风气候，全年可以明显地分为三季：雨季、凉季和热季。每年5月中旬到10月中旬的西南季风，使泰国普遍降雨，为雨季；由于东北季风的影响，当年11月到翌年2月中旬，来自中国的干冷空气，使泰国除了南部、东南部以外的大部分地区（尤其是北部和东北部）进入凉季；2月中旬到5月中旬，从东南方向进入泰国的南海气流，使全国气候炎热和干燥，为热季。凉季和热季很少下雨，也称为干季。

泰国年温差很小，即使在凉季，月平均气温也不低于18℃。4月是最热的月份，最高气温一般在33℃~38℃。南部半岛地区属海洋性气候，终年温暖湿润，年湿差小，年平均气温在26℃~27℃。泰国北部的气温则低于全国其他地区，最高温度约20℃，在一些山区，最低温度可达0℃。

由于其地形特点，泰国降水量较东南亚其他国家少，年平均降水量约

1 550毫米。西部山脉挡住了从印度洋来的西南季风，致使中部年平均降水量不足1 500毫米；东北部地区除高耸的高原边缘年降水量可达3 000毫米以外，其余低平部分年降水量仅在1 000毫米上下。雨量最充沛的是处于迎风坡面的沿海地区，最高可达5 000毫米。优越的自然条件为泰国稻谷生产提供了有利的条件，使泰国成为全球最主要的大米出口国。

（二）越南自然条件

越南位于中南半岛东部，北纬8°10～23°24，东经102°09～109°30。越南全国地处北回归线以南，高温多雨，属热带季风气候。年平均气温在24℃左右。年平均降雨量为1 500～2 000毫米。北方分春、夏、秋、冬四季。南方雨旱两季分明，大部分地区5～10月为雨季，11月～次年4月为旱季。东部沿海为平原，红河三角洲地势平坦，河网密布，是越南主要产米区之一；但是红河及其支流经常发生严重的洪水。湄公河三角洲土壤肥沃，面积3万平方公里，几乎是红河三角洲的4倍，是世界上最富庶的水稻产区之一。稻谷是其主要粮食作物，主要分布在红河三角洲、湄公河三角洲及沿海平原地区。特别是绝大部分地区一年可种两季稻，一些地区可种三季稻，而且产量潜力较大。北方的红河水系与南方的湄公河水系，给两大平原带来了大量的腐殖质，使土地相当肥沃。这两大平原的稻田占了耕地面积的90%左右，成为世界上著名的“谷仓”之一，为全球第二大大米出口国。

（三）印度的自然条件

印度是全球重要的粮食产地，其稻谷产量位居全球第二位。印度是世界耕地面积排名第一位的国家，耕地面积约1.6亿公顷（约合24亿亩）。印度耕地广阔，地处热带，水热条件优异。印度北部主要是恒河平原，主要由恒河和布拉马普特拉河冲积形成，地势比较开阔低平，土层比较厚，而且开垦历史悠久，是重要的粮食产区。

印度终年高温，年平均气温在20℃以上，最冷月一般在18℃以上。北部高大山地和高原阻挡冷空气南侵，使印度冬半年气温相对较高。年降水量大，干湿季明显，降水集中在夏季。年降水量一般在1 500～2 000毫米以上。冬季，在干燥的东北季风控制下，降水稀少。印度气候也分为雨季和干季，雨季是粮食播种生长的重要季节，雨季雨量的多寡直接影响印度粮食的产量。

十、影响稻谷产量的自然因素有哪些？

稻谷的生长主要受温度、水分、光照和病虫害的影响。

（一）温度

稻谷是喜温作物，对温度的要求较高。

一般稻谷的生长月份在4～10月，这是一年中温度最高的期间，适宜稻谷的生长（见表3－11）。

表3－11　稻谷生长阶段对温度的要求

<table>
<tr><th rowspan="3">阶段</th><th colspan="2">品种</th><th rowspan="3">形成灾害温度</th><th rowspan="3">后果</th></tr>
<tr><th>籼稻</th><th>粳稻</th></tr>
<tr><th colspan="2">温度</th></tr>
<tr><td>播种</td><td>12℃以上</td><td>10℃以上</td><td>持续低于此温度</td><td rowspan="2">烂秧、死苗</td></tr>
<tr><td>栽插</td><td>17℃以上</td><td>15℃以上</td><td>持续低于此温度</td></tr>
<tr><td>孕穗期</td><td>17℃以上</td><td>15℃以上</td><td>低于此温度</td><td>颖花退化，不实粒增加，抽穗延迟</td></tr>
<tr><td>安全齐穗期</td><td>22℃～35℃</td><td>20℃以上</td><td>连续2～3天低于温度下限，高于上限</td><td>低温：空壳瘪谷；高温：结实率下降</td></tr>
<tr><td>灌浆结实期</td><td>23℃～28℃</td><td>23℃～28℃</td><td>35℃以上
低于13℃～15℃</td><td>低温物质运转减慢；高温呼吸消耗增加。温度低于13℃，灌浆相当缓慢</td></tr>
</table>

（二）水分

稻谷全生长期需水量一般在700～1 200毫米之间，大田蒸腾系数在

250～600之间，水稻蒸腾总量随光、温、水分、风、施肥状况，品种光合效率，生育期长短及熟期而变化。单季中、晚稻在孕穗期，双季早稻在开花期，双季晚稻在拔节、孕穗期蒸腾量最高。水稻需要水层灌溉，以提高根系活力和蒸腾强度，促使叶片蔗糖、淀粉的积累和物质的运转。淹灌深度以5～10厘米为宜，但为了除去土壤有毒的还原物质，提高土壤的通透性和根系活力，还应进行不同程度的露田和晒田（见表3－12）。

表3－12　稻谷在不同生长阶段对于水分的要求

阶段	要求和效果
幼苗期	采取浅水勤灌，有利扎根
分蘖期	水层保持在2～3厘米左右，可促进分棵
分蘖后期	排水促进根系发育
拔节孕穗期	需水最多时期，宜灌深水（6～10厘米）
抽穗开花期	轻脱水或保持一定水层，空气相对湿度为70%～80%，有利于受精
灌浆期	田面要有浅水
乳熟后期	干干湿湿，有利于提高根系活力及物质调配和运转

在返青期、减数分裂期、开花与灌浆前期受旱减产最严重，返青期缺水，影响秧苗活棵和分蘖；减数分裂期缺水，颖花大量退化，出穗延迟，结实率下降；抽穗期受旱，影响出穗，减产严重；灌溉期受旱，粒重下降而影响产量。水稻在返青期、减数分裂期、开花期对淹水最敏感，长期淹水会导致死苗、幼穗腐烂和结实率降低。

（三）光照

稻谷是喜阳作物，对光照条件要求较高。早籼稻单叶饱和光强一般在3万～5万勒克斯（光照度单位）左右，而群体的光饱和点随叶面积指数增大而变高，一般最高分蘖期为6万勒克斯左右，孕穗期可达8万勒克斯以上。因此持续的寡照天气会影响稻谷的生长发育。

以下是不同稻谷的不同熟性所需大于10℃积温和生育天数（播种～成

熟）的情况：

早稻：早熟种 >10℃，积温 2 400℃，生育天数 110 天；中熟种 >10℃，积温 2 400℃ ~2 600℃，生育天数 110 ~120 天；晚熟种 >10℃，积温 2 600℃以上，生育天数 120 天以上。

中稻（一季稻）：早熟种 >10℃，积温 <3 000℃，生育天数小于 130 天；中熟种 >10℃，积温 3 000℃ ~3 200℃，生育天数 130 ~140 天；晚熟种 >10℃，积温 3 200℃以上，生育天数大于 140 天。

晚稻：早熟种 >10℃，积温 3 000℃，生育天数 120 天；中熟种 >10℃，积温 3 100℃ ~3 300℃，生育天数 120 ~130 天；晚熟种 >10℃，积温 3 300℃以上，生育期大于 130 天。

有效积温用于作物生育速度的计算和发育时期的预报。各地气温差异很大，不同类型的水稻品种，各自对积温都有一定要求。其稳定性、准确性大大高于用天数计算。积温不足会延迟稻谷收获时间。

（四）病虫害

从各阶段来看，播种至分蘖期病害，主要有生理性烂秧、青枯病和立枯病；分蘖至出穗期病害，主要有稻瘟病的叶瘟、白叶枯病和纹枯病；出穗至成熟期病害，主要有稻瘟病的穗颈瘟、枝梗瘟、谷粒瘟、稻曲病。亚洲稻作因虫害估计损失 30%。

案例 3 -1

2010 年低温寡照及洪涝灾害对早籼稻产量的影响

2010 年 4 月以来，江南地区降水较多，气温偏低，日照偏少，降水偏多。4 月 1 日 ~28 日江西全省平均降水 326 毫米，偏多约五成；雨日普遍为 16 ~21 日，日照 63.1 小时，偏少 29.4 小时；平均气温 15.4℃，偏低 2.2℃。持续低温阴雨天气对早籼稻播种、育秧和栽插都产生了不利影响。主要表现在：一是前期发芽慢，播种稍有延迟；二是秧苗生长慢，秧苗较弱小、细长；三是直播早稻烂种烂秧较为严重；四是降雨天气太多，不利于早籼稻大田移栽田间作业开展；五是插秧后早籼稻生长发育慢，返青时间长。

2010 年 5 月以来，江西省连续出现三次强降雨过程。其中第三轮降水过程从 12 日开始，至 14 日结束，全省平均降雨量超过 72.3 毫米，是江西入汛以来最广的一次暴雨过程。持续的低温阴雨天气对早稻栽插、分蘖和生长都产生了不利的影响，早籼稻返青时间长，分蘖速度慢。

进入 6 月以来，江西省气温仍较往年均值偏低，推迟了早籼稻的生育期，造成早籼稻有效分蘖不足，结实率下降，灌浆缓慢。6 月江西暴雨洪涝灾害，而此时正值早籼稻产量形成的关键时期，洪水淹没部分地区稻田，致使早籼稻授粉不足，产量下降。

2010 年国家统计局数据显示，2010 年全国早稻总产量为 3 132 万吨，比上年减少 204 万吨，减少 6.1%。2010 年全国早稻播种面积 8 691 万亩，比上年减少 114.1 万亩，减少 1.3%。全国早稻因播种面积下降减产 43.2 万吨，因单产下降因素致使早籼稻减产 160.4 万吨。早稻单产下降 4.9%，单产下降的主要原因是早稻生长前期的低温寡照和后期洪涝灾害的影响。2010 年全国早稻单产 360.4 公斤/亩，比上年减少 18.5 公斤/亩，下降 4.9%，主产区早稻单产全部下降，其中江西下降 11.1%，浙江下降 8.7%，湖北下降 4.5%。

自测题

一、填空题

1. 稻谷是我国（　　）人口的主粮。

2. 稻谷自然生长发育过程可以分为 3 个阶段，分别为（　　）、（　　）、（　　）。

3. 我国稻谷品种产量排名第一位至第三位的品种为（　　）、（　　）、（　　）。

4. 全球第一、第二大大米出口国为（　　）、（　　），全球第二大稻谷生产国为（　　）。

5. 全球稻谷生产主要集中在（　　）洲。

二、不定项选择题

1. （　　）省不是晚籼稻主产区。

A. 湖南　　B. 江苏

C. 广东　　D. 黑龙江

2. 早籼稻主产区是（　　）。

A. 亚热带　　B. 热带

C. 暖温带　　D. 寒温带

3. 早籼稻、中晚籼稻、粳稻产量占稻谷比重分别为（　　）、（　　）、（　　）。

A. 50%　　B. 33%

C. 16%　　D. 80%

4. 影响稻谷生长的因素有（　　）。

A. 温度　　B. 光照

C. 水分　　D. 病虫害

5. 中国稻谷产量最大的省份是（　　）。

A. 湖南　　B. 江西

C. 黑龙江　　D. 江苏

参考答案

一、填空题

1. 65%　　2. 营养生长期　营养生长与生殖生长期　生殖生长期

3. 中晚籼稻　粳稻　早籼稻　　4. 泰国　越南　印度

5. 亚

二、不定项选择题

1. BD　　2. A　　3. CAD　　4. ABCD　　5. A

第四章

稻谷的流通与消费

本章要点

本章主要涉及稻谷、大米的流通与消费状况，涉及稻谷的收购、贸易、加工、消费，并简单介绍了全球大米市场的贸易与消费现状。

一、稻谷的用途及消费结构是怎样的？

稻谷的用途较为广泛，包括口粮、饲料用粮、工业用粮和种子用粮等。其中最主要的用途是口粮，相对较为稳定；饲料用粮方面，相对而言，略有收缩；工业用粮是稻谷尤其是早籼稻正在蓬勃发展的一项用途；种子用粮常年较稳定，为种植量相对固定的百分比。

早籼稻的优质率不断提高，口感有所改进，生长期间病虫害、农药使用量都较中晚籼稻少得多，加上又比较“出饭”，近年来早籼稻的消费仍以口粮为主。据国家粮油信息中心测算，2012 年早籼稻口粮、饲料用粮、工业用粮、种子用粮的比例约为 67∶23∶8∶2。从发展趋势上看，早籼稻口粮消费占比减少，饲料用粮和工业用粮较快增长，饲料用粮有所收缩（见表 4－1）。

表 4－1　　2012 年与 2007 年我国早籼稻消费结构

类别	2012 年		2007 年	
	消费量（万吨）	占比（%）	消费量（万吨）	占比（%）
口粮	2 220	67.2	2 150	67.3
饲料用粮	759	23.0	765	23.9
工业用粮	271	8.2	230	7.2
种子用粮	50	1.6	50	1.6
总消费	3 300	100.0	3 195	100.0

资料来源：国家粮油信息中心，瑞奇期货。

中晚籼稻主要是作为口粮，口粮占消费的比重达到 88%，远超早籼稻 67% 的占比。中晚籼稻是南方地区最为重要的口粮消费品种，尽管近年来有东北粳稻冲击南方消费市场，但总体而言，对中晚籼稻在南方地区的口粮主导地位的冲击较小（见表 4－2）。

表 4－2　　2012 年我国晚籼稻消费结构

类别	中晚籼稻（万吨）	占比（%）
食用消费	8 520	88.3
饲料消费	600	6.2
工业消费	435	4.5
国内消费	9 645	100.0
出口量		
总消费	9 645	100.0

注：因四舍五入，表中数字加总不为 100%。

资料来源：国家粮油信息中心，瑞奇期货。

粳稻主要有口粮、种子、损耗、饲料和工业等消费渠道，其中口粮消费所占比重较大，饲料及工业消费所占比重较小，甚至可以忽略不计。据国家粮食局统计，2010 年我国粳稻消费总量为 6 030 万吨，占稻谷总消费量的 32.2%，基本与 2009 年持平。其中口粮消费量为 5 595 万吨，占粳稻总消费量的 92.8%；饲料用粮（包括饲料用粮及损耗）为 100 万吨，占粳稻消费总量的 1.7%；工业用粮为 250 万吨，占粳稻消费总量的 4.2%；种子消费为 80 万吨，占粳稻消费总量的 1.3%（见表 4－3）。

表 4－3　2010 年我国粳稻消费结构

类别	粳稻（万吨）	占比（%）
食用消费	5 595	92.8
饲料消费	100	1.7
工业消费	250	4.2
种子消费	80	1.3
总消费	6 030	100.0

资料来源：国家粮食局。

二、稻谷是怎样流通的？

（一）流通形式

稻谷作为一种商品，在其流通过程中形态的改变主要是稻谷、大米。农民、农场种植的稻谷集运至粮食市场，由大米加工企业采购、加工成大米后，再分销于居民食用。简言之，就是集中加工、分散销售。稻谷脱壳后可以减少运输量 1/3 左右，因此，稻谷在产地加工更经济。

（二）流通通道

稻谷产销区位明确，流向基本稳定。

1. 早籼稻主产区为长江中下游地区的湖北、湖南、安徽、江西、广西、广东等省份；主销区主要为浙江、福建、广东、广西等省份。产销区位明确，长江中下游的湖北、湖南、安徽、江西四省输出的早籼稻主要经公路、铁路运往东南沿海及西南地区。

2. 中晚籼稻主产区为长江流域及以南地区，主要产区为湖南、江西、湖北、安徽、四川、广东、广西等地；主要销区为广东、福建、浙江、广西等省份，与早籼稻销区基本重合。运输方式主要为公路运输。

3. 粳稻主要产区为东北和苏皖地区；主要销区为华北省份、上海、浙江、广东等地。运输方式为铁路运输和公路运输（见表 4 – 4 和表 4 – 5）。

表 4 – 4　　稻谷主要输出省份及数量　　（单位：万吨）

省份	2001 ~ 2002 年	2005 ~ 2006 年	2010 ~ 2011 年	2011 ~ 2012 年	2012 ~ 2013 年	2013 ~ 2014 年
江西	323.4	547.6	709.4	773.1	789.5	791.2
湖南	493.8	548.4	630.7	668.8	686.3	683.4
湖北	301.9	385.6	319.7	357.5	359	379.9
安徽	318.8	415.3	516.5	486.1	486.9	524
江苏	180	349.5	235.9	247.7	238.2	248.4
吉林	34.9	102.9	186.1	232.9	245.3	241.7
黑龙江	535.7	617.7	1 332.3	1 533.7	1 661.2	1 683.3

资料来源：国家粮油信息中心。

表 4－5　　稻谷主要输入省份及数量　　（单位：万吨）

省份	2001～2002年	2005～2006年	2010～2011年	2011～2012年	2012～2013年	2013～2014年
广东	－365.9	－308.2	－464.6	－314.5	－277.3	－289.8
广西	49.3	－16.5	－176.5	－229.3	－215.0	－210.2
四川	73.7	164.7	－97.3	－121.4	－178.3	－192.5
浙江	－357.9	－479.8	－578.9	－603.5	－630.5	－647.5
福建	－126.4	－176.7	－250.4	－245.0	－255.4	－266.1
上海	－205.3	－212.0	－199.5	－199.1	－201.5	－206.6
北京	－253.8	－225.6	－247.8	－254.9	－259.8	－264.8
河北	－373.6	－37.8	－324.3	－327.3	－335.5	－341.0
山西	－185.7	－205.1	－228.5	－232.5	－236.5	－240.5
山东	－304.9	－352.7	－372.1	－382.2	－389.4	－397.2
陕西	－120.6	－135.1	－170.4	－169.9	－173.8	－178.0
甘肃	－134.4	－142.9	－162.9	－169.0	－170.3	－173.3

资料来源：国家粮油信息中心。

三、稻谷购销活动如何进行？

稻谷购销活动包括稻谷的收购和销售。

（一）收购活动

稻谷收购包括经营性收购和政策性收购。收购主体包括粮食经纪人、加工企业、贸易商、仓储企业。稻谷从农户或粮食经纪人手中流转至加工企业、贸易商、仓储企业。

一般情况下，收购活动较为集中，具有典型的季节性，早籼稻在7～9月收购完成；中晚籼稻收购一般从10月开始到1月基本结束，3、4月有一波春耕前的收购小高潮；粳稻收购则基本上从10月到12月（还贷压力），次年春耕也有收购。

（二）销售活动

稻谷的销售分为即时销售和延期销售。即时销售就是收购到销售时间短，临时使用仓储设施，对杂质、水分等要求不高。延期销售就是要经过仓储环节，为降低保管损耗、减少品质损失，对水分杂质要求较高，且经过储存，也产生了一定的费用，货权所有人希望货物转让时较收购时有合理的溢价。

即时销售一般发生在稻谷收购期。延期销售一般在次年粮食青黄不接时期，也就是来年春节过后的时期。延期销售一般有企业一对一销售和网络竞价销售。

四、稻谷的储备轮换如何进行？

中储粮规定，长江以南地区稻谷储存期限为2～3年。中央储备粮实行均衡轮换制度，每年轮换的数量一般为中央储备粮储存总量的20%～30%，轮空期最长不超过4个月，因此，中储粮的轮入轮出周期一般为3～6个月。

国内储备稻谷的轮换规律一般是在上半年轮出较多，4、5、6月一般是中央和地方储备粮的轮出期，下半年集中轮进。早籼稻一般在8月开始补库，10月补库结束；晚籼稻则要等到10月以后开始补库。3年到期需轮出的稻谷，最迟要在当年的12月31日以前完成轮换，否则将转为企业的经营粮，财政不再承担仓储及资金利息等。

早籼稻易于储藏，经过2～3年的储存后，价值损耗较少，是主产区稻谷储备的主要品种，最受市场青睐。一般认为，早籼稻储备量占整个稻谷储备量的一半。据估计，全国各级早籼稻储备量约占早籼稻产量的50%，即1 500万吨左右，其中湖南、江西、广西、广东储备量各约310万吨、355万吨、370 万吨和 300 万吨。长江以南地区早籼稻的储存年限通常为 3 年，每年轮换 1/3，那么每年轮换的早籼稻规模可达 500 万吨，轮换出的早籼稻主要用作工业用粮。一般储存两年的早籼稻出粉率最高，生产米粉最合适，米粉用早籼稻占据早籼稻工业用粮最大比重。

晚籼稻经过三年的储存后，其价值损耗较大，轮换出的晚籼稻相对早籼稻，其品质不佳。因此，尽管晚籼稻的产量大约是早籼稻的 3 倍，但在储备体系中，早籼稻和晚籼稻的储备量相当。

中央储备粮和地方储备粮的轮换，除财政负担仓储、资金利息、轮换固定的包干费用外，其他由仓储企业承担。也就意味着，在粮价下跌的过程中，企业必须承受储备粮轮出价格下跌的风险；而在粮价上涨的过程中，企业要承担轮入稻谷价格上涨的风险。

案例 4－1

最低收购价政策与熊市行情夹击，储备轮换亏损大

2013 年上半年，储备粮轮换面临考验。早籼稻陈粮销售价格从年初的 2 600元/吨，至 5 月跌至 2 400 元/吨，跌价 200 元/吨。

储备粮企业的记账法则为：以上年度的收购价格与本年度的轮出价格进行比较。2012 年早籼稻收购价格达到 2 600～2 680 元/吨，均价不低于2 620 元/吨，至 2013 年上半年轮出，价格只有 2 400 元/吨，在企业账面上，反映为亏损较大。

由于执行最低收购价政策，企业的储备粮轮入不得低于国家规定的最低收购价。也就是说，企业轮入的早籼稻价格，2013 年不得低于 2 640 元/吨。即使从当年度的账面上看，企业轮换一出一进，损失超过 240 元/吨，国家给的包干费用为 120 元/吨，企业亏损 120 元/吨。

至 2014 年，由于陈粮价格更低，而最低收购价提升至 2 700 元/吨，企业的亏损高达 400～500 元/吨，这对于利润微薄的稻谷行业，可谓损失惨重。

案例来源：瑞奇期货。

五、稻谷的商品率如何，稻谷加工量多大？

我国是全球稻谷产量最大的国家，2013 年稻谷总产量为 20 307.5 万吨，占全球总产量的 30%。稻谷的商品率在 60% ~70% 之间。其中，又有相当部分纳入储备系统中，所以，整个市场的新粮流通量相较商品量有所减少。尤其是在启动最低收购价收购的年份，市场可流通的新粮粮源明显减少（见表 4 -6）。

表 4 -6　2013 年全国新稻产量、商品量、流通量

品种	年产量（万吨）	商品量（万吨）	商品率（%）	流通量（万吨）
早籼稻	3 407.5	2 045	60	728
晚籼稻	10 080	7 056	70	5 269
粳稻	6 820	4 774	70	3 116
合计	20 307.5	13 875	68	9 112

资料来源：郑州商品交易所。

稻谷加工是粮食生产的内涵深化和外延的扩大，就生产方式而言，它是独立于农业之外的一个产业部门，但就生产内容来说，它是农业生产的继续和延伸，是联结初级产品与消费市场的中介环节，属于食品工业范畴。

据国家粮食局流通部门统计，2010 年全国入统大米加工企业 8 519 家，年生产能力 24 440 万吨，其中，日加工能力 100 吨以下企业 4 785 家，占 56.2%；100 ~200 吨企业 2 605 家，占 30.6%；200 ~400 吨企业 910 家，占 10.7%；400 ~1 000 吨企业 172 家，占 2%；1 000 吨以上企业 47 家，占 0.6%。至 2012 年，日加工能力 400 ~1 000 吨企业增长较快，1 000 吨日加工能力企业数量达到 2 780 家，较 2008 年增长 138%，而 30 吨以下及 30 ~50 吨日加工企业的数量收缩，表明加工企业正朝着规模化的方向发展（见

表4－7、图4－1和表4－8）。

表4－7　　2012年稻谷加工年生产能力汇总表

年度	年生产能力（万吨）	其中，按日处理稻谷能力（吨/天）						
		30以下	30～50	50～100	100～200	200～400	400～1 000	1 000以上
2008	15 997	249家	1 332家	4 890家	4 610家	2 537家	1 213家	1 166家
2009	19 424	174家	1 226家	5 058家	5 981家	3 542家	1 581家	1 862家
2010	24 440	247家	1 301家	4 712家	8 096家	5 617家	2 338家	2 129家
2011	28 391	137家	1 323家	5 054家	9 122家	7 023家	3 323家	2 409家
2012	30 717	164家	1 288家	5 153家	9 371家	7 687家	4 274家	2 780家

资料来源：粮油加工年鉴。

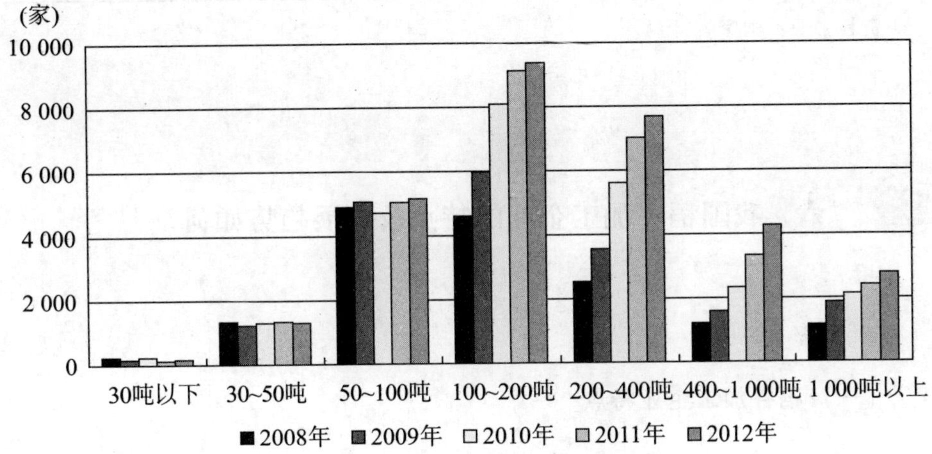

图4－1　稻谷加工企业数量分布图

表4－8　　入统大米加工企业月度加工量统计　　（单位：万吨）

月度	2008年	2009年	2010年	2011年	2012年	2013年	2014年
1月	273	323	505	557	626		
2月	255	419	493	523	743		
3月	366	514	608	667	834	980	1 015

续表

月度	2008 年	2009 年	2010 年	2011 年	2012 年	2013 年	2014 年
4 月	339	497	653	646	761	892	936
5 月	372	515	682	709	802	931	1 031
6 月	448	586	738	871	1 004	1 070	1 193
7 月	369	477	665	738	889	931	1 049
8 月	388	501	697	738	878	906	1 022
9 月	403	559	760	776	962	1 016	
10 月	416	569	717	797	1 001	1 094	
11 月	473	612	813	879	1 139	1 217	
12 月	521	678	882	954	1 275	1 172	
合计	4 624	6 251	8 213	8 856	10 914		

资料来源：国家统计局。

六、我国稻谷加工企业的特点及发展趋势如何？

（一）稻谷加工企业特点

1. 稻谷加工企业数量较多。2012 年全国入统大米加工企业 9 788 个，年生产能力 30 716 万吨。早籼稻和中晚籼稻的加工可以使用同一套设备，只是加工精度不同，而且早籼稻加工对设备要求和精度要求较低，因此中晚籼稻加工企业都可以加工早籼稻。同时，稻谷收购企业如粮食储备库通常都有自己的大米加工厂。不过，不同的企业依原粮收购情况及下游原料需求情况加工重点有所不同，或以中晚籼稻为主，或以早籼稻为主，或单一加工早籼稻及中晚籼稻。

2. 部分加工企业规模较大。大部分企业以加工中晚籼稻为主，同时加工早籼稻的企业，早籼稻加工规模一般较小；即购即加、边收边加的小型大米加工企业，早籼稻加工规模通常也较小。

以加工早籼稻为主或常年单一加工早籼稻的企业，通常直接为啤酒厂、米粉厂、饲料厂、味精厂加工原料，由于工业生产的特点，这些加工企业一般规模较大；其中部分加工企业通常实行产、购、存、加、销一体化的综合经营，其资金雄厚、有一定的仓容，少的数千吨，多的数万吨，这些企业在收购季节除边收边加外，还储存一定数量的原粮用于非收购季节加工，有的还自建了一定规模的粮源基地，如江西的中粮（江西）米业等。

3. 稻谷加工企业分布广泛。稻谷加工企业广泛分布在各主产省和主销区，稻谷产量越大、工业加工企业越多的省份，一般稻谷加工企业也越多。例如，2012 年江西全省纳入统计的大米加工企业数量为 1 476 家。湖南省益阳兰溪是全国知名的大米加工市场，年加工产能 200 多万吨。一般在产区粗加工后以大米形式运往销区，销区再按照口粮及工业用粮的要求进行相应的精加工。

全国大型的稻谷加工企业主要包括黑龙江北大荒粮油集团、江西粮油集团、中粮江西米业公司、江苏兴化米业公司、合肥金润米业公司等（见表 4－9）。

表 4－9　各省稻谷加工企业数量

省份	合计（家）	其中，按日处理稻谷能力（吨/天）						
		30 以下	30～50	50～100	100～200	200～400	400～1 000	1 000 以上
辽宁	467	24	29	188	189	28	4	5
吉林	411	41	35	109	163	49	10	4
黑龙江	1 375	28	64	361	665	195	48	14
江苏	559	24	34	165	193	110	30	3
安徽	676	5	18	132	228	222	64	7
江西	1 476	14	252	705	341	115	46	3
湖北	1 116	18	71	424	396	152	40	15

续表

省份	合计（家）	其中，按日处理稻谷能力（吨/天）						
		30 以下	30～50	50～100	100～200	200～400	400～1 000	1 000 以上
湖南	1 006	21	359	216	360	127	21	2
四川	384	13	59	125	129	46	12	
浙江	193	5	24	77	61	20	6	
福建	262	10	31	126	56	29	7	3
广东	350	73	76	116	56	24	5	
海南	48	18	12	11	7			
广西	316	38	109	97	47	17	8	
重庆	209	28	54	80	36	9	2	
贵州	166	17	66	48	29	6		
云南	198	31	52	92	20	2	1	

（二）大米加工企业的发展趋势

当前，大米加工企业呈现出一些新的发展趋势：（1）民营企业迅速发展，占主导地位；（2）企业规模不断扩大，集约化经营发展迅速；（3）龙头企业经营规模不断扩大；（4）稻谷产业化经营取得成效，以龙头企业带动稻谷产业发展的格局基本形成；（5）大米精深加工水平逐年提高，产业链不断延伸；（6）品牌意识明显增强。2013 年大米加工企业 50 强见表 4－10。

表 4－10　2013 年大米加工企业 50 强

序号	企业名称	仓储及年加工能力	品牌
1	中粮集团有限公司	仓储 100 万吨；加工 500 万吨	福临门；五湖
2	湖北国宝桥米集团	加工 200 万吨	国宝
3	益海嘉里投资有限公司	仓储 42 万吨；加工 200 万吨	金龙鱼；香满园

续表

序号	企业名称	仓储及年加工能力	品牌
4	湖北梅园米业有限公司	仓储 10 万吨；加工 90 万吨	梅园
5	辽宁五峰农业科技股份有限公司	加工 50 万吨	五峰
6	福娃集团有限公司	仓储 20 万吨；加工 119 万吨	福娃
7	吉林省德春农业集团股份有限公司	加工 70 万吨	御泉
8	江苏省农垦米业集团有限公司	仓储 25 万吨；加工 75 万吨	苏垦
9	绿都集团股份有限公司	仓储 24 万吨；加工 60 万吨	珍宝岛
10	江西金佳谷物股份有限公司	仓储 33 万吨；加工 50 万吨	金佳
11	吉林梅河大米有限公司	仓储 7 万吨；加工 50 万吨	梅河
12	湖北洪森粮油集团	仓储 30 万吨；加工 100 万吨	洪森
13	吉林裕丰米业股份有限公司	加工 50 万吨	好雨
14	洪湖市洪湖浪米业有限责任公司	加工 50 万吨	洪湖浪
15	华润五丰有限公司	加工 50 万吨	五丰
16	湖北禾丰粮油集团有限公司	加工 50 万吨	德安府
17	江西万年贡米集团	加工 50 万吨	万年贡
18	山东美晶集团有限公司	加工 40 万吨	美晶
19	安徽光明槐祥工贸集团有限公司	仓储 20 万吨；加工 30 万吨	槐祥
20	金健米业股份有限公司	加工 20 万吨	金健
21	湖北省粮油（集团）有限责任公司	仓储 6 万吨；加工 15 万吨	嘉嘉乐
22	庆安鑫利达米业有限公司	加工 60 万吨	庆鑫
23	南京沙塘庵粮油实业有限公司	加工 60 万吨	湫湖
24	湖北宏发米业公司	仓储 6 万吨；加工 14 万吨	钟绿
25	安徽省阜阳市海泉粮油工业有限公司	仓储 30 万吨；加工 20 万吨	长升缘
26	江西奉新天工米业有限公司	加工 20 万吨	天工
27	重庆粮食集团有限责任公司	仓储 7 万吨；加工 30 万吨	人和

续表

序号	企业名称	仓储及年加工能力	品牌
28	新余市百乐工贸有限公司	加工40万吨	百乐
29	江西金土地粮油股份有限公司	仓储8万吨；加工20万吨	谷韵、仙女湖
30	河南山信粮业有限公司	加工40万吨	山信、桂桥
31	黑龙江省万源粮油食品有限公司	加工40万吨	万鹤源
32	湖南粮食集团有限责任公司	仓储10万吨；加工20万吨	金健、金霞
33	北京古船米业有限公司	加工40万吨	古船
34	盘锦鼎翔米业有限公司	加工40万吨	粳冠、鼎翔
35	合肥金润米业有限公司	加工27万吨	金润
36	江苏双兔食品股份有限公司	仓储18万吨；加工30万吨	双兔
37	福建泉州市金穗米业有限公司	加工30万吨	金润、厦鹭
38	桐城青草香米业集团有限公司	加工30万吨	银针米
39	黑龙江省北大荒米业集团有限公司	加工30万吨	北大荒
40	黑龙江省人和米业有限公司	加工30万吨	龙水、水灵
41	南京远望富硒农产品有限责任公司	加工30万吨	远望
42	安徽稼仙金佳粮集团股份有限公司	仓储8万吨；加工20万吨	乐惠
43	东莞市太粮米业有限公司	加工30万吨	太粮
44	上海良友（集团）有限公司	加工30万吨	乐惠
45	宜兴市粮油集团大米有限公司	加工30万吨	隆元
46	黑龙江泰丰粮油食品有限公司	加工20万吨	梧桐
47	湖南天下洞庭粮油实业有限公司	加工20万吨	洞庭
48	上海垠海贸易有限公司	加工10万吨	垠海、升月
49	深圳市中泰米业有限公司	加工15万吨	秦皇
50	桂林绿苑米业有限公司	加工10万吨	米诗福、八桂福

资料来源：根据中国粮食行业协会及郑商所资料整理。

七、我国稻米进出口贸易状况如何?

(一) 稻米进出口政策

稻米进出口政策规定，我国允许大米进出口，但稻谷原粮进口不在许可范围内。

我国大米进口实行配额内关税进口和配额外进口，2014 年进口配额为 532 万吨，其中长粒米和中短粒米各为 266 万吨，国营贸易比例为 50%，配额内进口关税为 1%；配额外进口关税，最惠国税率为 65%。

出口方面，大米属于国家限制出口货物，国家对大米实行出口配额许可证管理和国营贸易管理，即只有中粮集团和吉粮集团具有大米出口经营权，有资格对外签约，且通关时需提交出口配额许可证。2008 年至今，国家对出口大米的政策有过三次调整：经国务院批准，自 2008 年 1 月 1 日至 2008 年 11 月 30 日，对大米征收 5% 的出口暂定关税；自 2008 年 12 月 1 日至 2009 年 6 月 30 日，降低对大米的出口暂定关税，征收 3% 的出口关税；2009 年 7 月 1 日起，取消对大米的出口暂定关税。

(二) 进出口方式以精米为主

在稻谷的国际贸易中，以稻米贸易为主，稻谷形式的贸易很少。1998 年以来，我国精米出口占稻米出口的比重每年都在 93% 以上，精米进口占稻米进口的比重在 95% 以上。

(三) 由出口为主转向以进口为主

2002 年以前，中国大米进出口贸易以大米出口为主。2002 年以后，进出口贸易中进口大米的比重开始上升。2011 年以后，进口量首次超越出口，占进出口总量的 54%。2012～2013 年，进口大米井喷式增长，年进口量达到200多万吨。

1998年是出口稻米最多的一年，达374.4万吨，占世界大米总出口量19%，随后净出口数量开始下降。2004年我国大米出口量大幅下降，较上年减少169万吨，减幅达67.2%；2005年出口量继续下降，为67.2万吨；2006年大米累计出口124万吨，同比增长84.1%；2007年大米累计出口130.5万吨；2008年大米累计出口97万吨。2012年出口大米最少，仅有28万吨。从出口来看，主要集中在大城市和东中部主产区。东北三省是我国稻米主要出口地区，出口稻米为粳米，江西和安徽是主要的籼米出口地区。

2012年以来，国内稻米市场价格远高于国际市场大米价格，大米进口数量呈井喷。2012年进口237万吨，2013年进口227万吨。而在2000~2011年，全国累计进口稻米464万吨，年均进口量42万吨。进口大米的消费市场从沿海地区扩展至内陆地区，进口从高端米转向高中低端大米并存（见表4-11和图4-2）。

表4-11　　2000~2013年大米进出口量

年度	进出口总量（万吨）	进口量（万吨）	进口占比（%）	出口量（万吨）	出口占比（%）
2000	107	0	0	107	100
2002	187	25	13	162	87
2003	287	26	9	261	91
2004	166	75	45	91	55
2005	120	51	43	69	58
2006	198	73	37	125	63
2007	182	47	26	135	74
2008	131	33	25	98	75
2009	114	36	31	78	69
2010	101	39	38	62	62
2011	111	60	54	52	46
2012	265	237	89	28	11
2013	275	227	83	48	17

资料来源：国家海关总署。

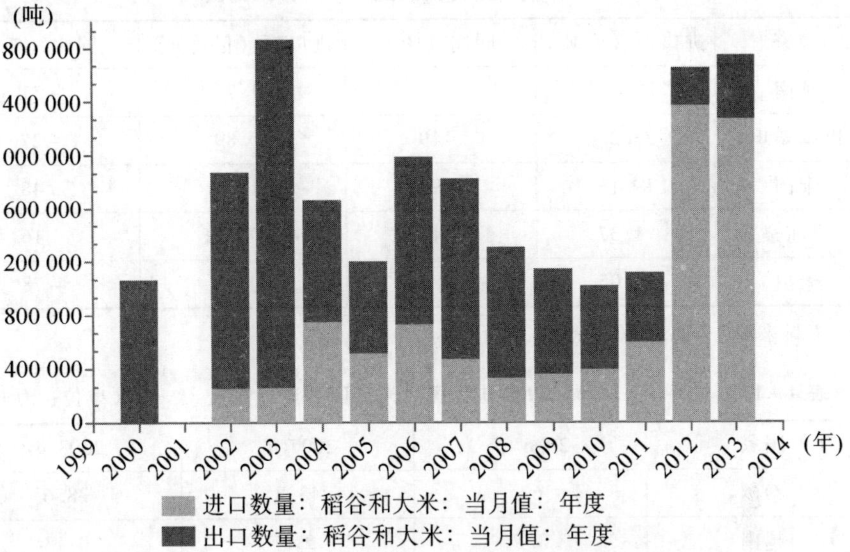

图 4－2　中国大米进出口量

资料来源：国家海关总署。

（四）进出口国家和地区

我国稻米的出口目标国主要是非洲和不发达国家，出口稻米更多属于援助性质。与泰国、美国、越南等世界上主要的稻米出口国相比，我国稻米出口乏力，其原因有国内市场稻米价格偏高、品质较差的因素，也有稻米出口贸易体制不够灵活等因素。近年来，我国东北稻米向日本、韩国的出口有扩大的趋势，而出口到印度尼西亚、菲律宾、马来西亚等国家的稻米数量大幅度下降。

我国稻米进口来源国家和地区比较集中，2011 年以前主要是泰国，2012 年以来，越南、泰国、巴基斯坦、柬埔寨等国成为我国大米进口主要来源地。近几年从泰国进口的稻米占我国稻米总进口的比重一直在 99% 以上，主要是进口香米等高质量稻米，以满足国内高收入阶层的需要。近几年，越南和缅甸稻米的进口量也有较大幅度增长（见表 4－12 和表 4－13）。

表 4－12　　2014 年前 4 个月大米进口——分来源国

国家	进口量（万吨）	同比（%）	进口额（亿美元）	同比（%）
越南	37.96	－36	1.7	－31
巴基斯坦	23.2	－19	0.89	－27
泰国	19.13	93	1.28	48
柬埔寨	1.37	15	0.13	16
老挝	0.05	－82	0	－78

资料来源：国家海关总署。

表 4－13　　2006～2008 年我国大米分国别进口数量　　（单位：万吨）

国家	2006 年	2007 年	2008 年
泰国	67	43.8	28.6
越南	3.5	2.6	0.13
美国	0.0	0.01	—
缅甸	0.02	0.03	0.3
其他	0.4	0.5	0.5
总计	70.92	47.5	29.53

资料来源：国家粮油信息中心。

八、我国稻谷的供需状况如何?

稻谷的供给和需求有别于我们一般意义上说的产量与国内消费。供给包括期初库存、当年产量和进口，需求包括国内消费与出口。近几年来，我国稻谷供给相对宽松，需求比较稳定，年末都有一定量的结余，期末库存量在不断增加。

我国稻谷基本上是自给自足，也有部分出口支援第三世界国家，每年从泰国进口少量高档大米满足高收入人群的消费需求。据国家粮油信息中心预测数据，2013/2014 年度稻谷产量为 20 275 万吨，其中早籼稻产量为 3 407 万吨，中稻（一季晚籼稻、粳稻）为 13 356 万吨，晚稻为 3 509 万吨，加上进口的 400 万吨，我国稻谷的新增供给量为 20 675 万吨。2013/2014 年度我国稻谷国内消费 20 223 万吨，出口 50 万吨，稻谷新增需求就是 20 273 万吨，年度结余量为 402 万吨（新增供给减新增需求）。据美国农业部报告数据预测，2013/2014 年度我国稻谷期末库存为 6 690 万吨，消费量为 21 142 万吨，库存消费比为 31.64%（见表 4－14）。

表 4－14　2011/2014 年度中国稻谷供需平衡分析

项目	2011/2012	2012/2013	2013/2014
	3 月预测	3 月预测	3 月预测
播种面积（万亩）	45 086	45 206	45 648
早稻面积	8 625	8 648	8 688
中稻面积	27 150	27 029	27 555
晚稻面积	9 311	9 530	9 405
单位产量（公斤/亩）	446	452	444
早稻单产	380	385	392
中稻单产	490	494	485
晚稻单产	378	392	373
生 产 量（万吨）	20 100	20 424	20 275
进 口 量（万吨）	281	310	400
新增供给（万吨）	20 381	20 734	20 675
食用消费（万吨）	16 900	17 200	17 500
其中大米	11 661	11 868	12 075
其中糠麸	5 239	5 332	5 425
饲料及损耗（万吨）	1 618	1 526	1 322
工业消费（万吨）	1 200	1 300	1 276

续表

项目	2011/2012	2012/2013	2013/2014
种用量（万吨）	122	124	125
年度国内消费（万吨）	19 840	20 150	20 223
出口量（万吨）	64	50	50
年度总消费量（万吨）	19 904	20 200	20 273
年度结余（万吨）	477	533	402

资料来源：国家粮油信息中心 2013 年 10 月刊。

小贴士

期末库存与年度结余

期末库存是在一个库存周期结束时，可供使用或出售的货品、物资或原料的账面价值。稻谷期末库存就是稻谷库存周期结束时可供消费的稻谷总量，是一个累计的概念。而年度结余是指本年度新增供给减去总消费后的结转库存量，计入到期末库存中，是期末库存的一部分。当年度结余为负数时，期末库存下降；当年度结余为正数时，期末库存增加。年度结余是一个很好地反映本年度供给与消费关系的指标，结余量大则供给宽松，结余量小则供给较为紧张。

九、我国稻谷消费流通的主要特点有哪些？

从我国稻谷的小农生产模式、产量大和国家政策干预较多来看，我国稻谷市场的主要特点是一个“大商品、小市场”的格局，由于国家近年来启动托市政策，稻谷库存大部分集中在国家手中，价格大幅波动减少，流通量下降，贸易企业不多。

（一）稻谷产销区相对集中

早籼稻主产区在南方，湖南、江西、广西、广东、湖北、安徽、福建、浙江8省份稻谷产量约占全国早籼稻产量的80%左右，中晚籼稻主产区湖南、江西、湖北、安徽、四川、广东、广西7省份产量占全国中晚籼稻产量的79%。东北三省和江苏、浙江、安徽、云南4省，这7个省份粳稻播种面积和产量约占全国粳稻播种面积和产量的85%，也就是说稻谷市场的供给是相对集中的。在消费市场方面，早籼稻主销区在东南沿海，主要早籼稻调入省份是福建和广东地区。中晚籼稻主要销区与早籼稻基本一致。粳稻主要销区是东北，华北，华东的上海、江苏、浙江、福建及华南的广东等地区。

（二）稻谷市场的消费结构在不断调整

作为口粮，早籼稻因为适口性较差，所占比重在不断下降，而作为工业用途的比重在不断加大。有资料显示，2012年早籼稻的口粮比重下降到67%，而工业比重增加到8%。中晚籼稻和粳稻在口粮领域占据主导地位，口粮比重超过80%。稻谷的消费从普通稻谷为主逐步升级到以优质稻谷为主。

（三）我国稻谷消费基本保持稳定

由于外出人员增加多、人均消费减少，稻谷口粮留量有所下降，因此商品率增加。但由于我国食用大米的人口有所增加，以及用于饲料消费及工业消费的数量增加，稻谷总的消费量保持缓慢增长的趋势。

（四）优质稻谷的比重在上升

近几年来，我国花大力气调整农产品种植结构、提高农产品质量，全国优质早籼稻种植面积不断增加，使早籼稻品种有很大改善，品质不断提高。早籼稻优质稻比重大约占30%左右，中晚籼稻优良稻比重大约为80%。

资料链接

早籼稻国内主要现货市场、价格长期图表

国内早籼稻现货市场较为分散，坐落于京九大动脉和长江黄金水道的交汇点九江，有一家以稻谷交易为主的大型粮食交易市场，依托“中国谷物网”，成立了电子现货订单交易、电子竞价交易、电子招投标交易、网上挂牌（协商）交易四大平台，这就是南方粮食交易市场（见图4－3）。

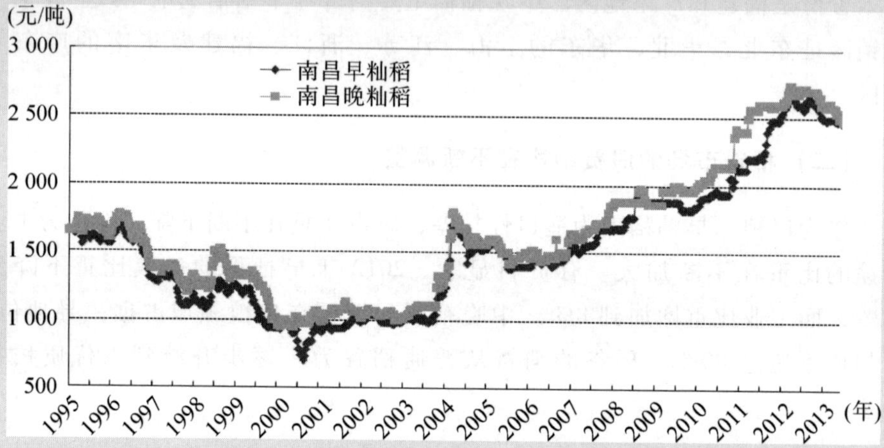

图4－3 南昌籼稻1995～2013年价格走势图

资料来源：江西瑞奇期货公司。

十、全球大米消费有多少？

稻谷经过加工后得到大米和米糠。大米是多数亚洲国家和地区人民的主

食，同时也是一些食品加工业的原料；米糠中含有较多的粗脂肪、粗蛋白及无氮抽出物，可以用来榨糠油、制作糠饼等。近年来，世界大米消费量逐年增加。据美国农业部报告显示，2012/2013 年度全球大米消费量为 46 760 万吨，估计 2013/2014 年度全球消费量为 47 557 万吨，预计 2014/2015 年度全球大米消费量为 47 548 万吨（见图 4－4）。

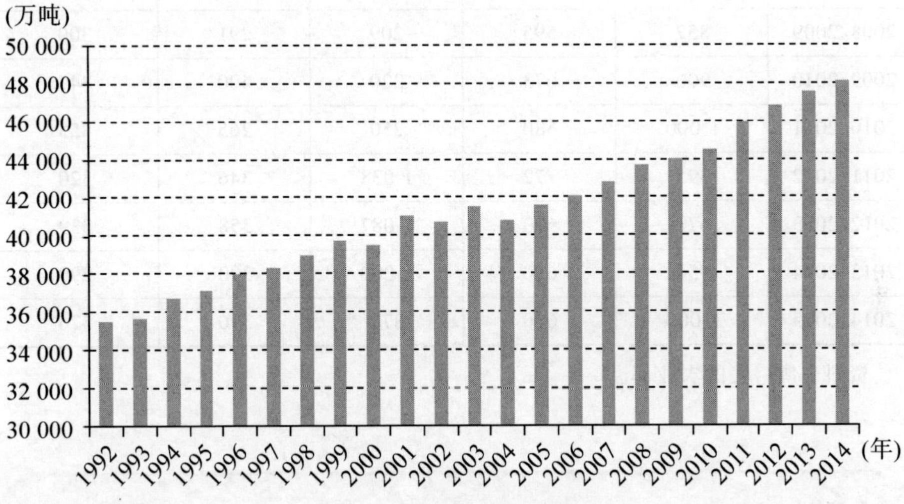

图 4－4　全球大米消费量

资料来源：美国农业部。

十一、全球主要大米出口量有多大?

2013/2014 年度，全球大米出口量为 4 140 万吨。除中国外，世界大米主要出口国与主要生产国基本一致。出口量最大的 5 个国家分别是泰国、越南、巴基斯坦、印度和美国。2013/2014 年度，五大主要出口国出口量占世界大米出口总量的 80%。泰国和巴基斯坦大米出口量分别占各自产量的一半左右。泰国作为全球最大的大米出口国，其出口的 100% B 级价格大米是全球大米的基准价（见表4－15）。

表4－15　全球主要大米出口国出口量　（单位：万吨）

年度	泰国	越南	印度	巴基斯坦	美国
2006/2007	950	452	550	284	292
2007/2008	1 001	465	465	300	335
2008/2009	857	595	209	291	300
2009/2010	900	673	220	400	347
2010/2011	1 000	580	250	265	355
2011/2012	695	772	1 038	346	320
2012/2013	672	670	1 087	358	339
2013/2014	950	650	1 000	390	299
2014/2015	1 000	670	870	390	326

资料来源：美国农业部。

小资料

泰国大米进口到中国成本计算

泰国100%B级大米2014年10月上旬FOB报价为437美元/吨；以货物价值110%的比例投保、保费率2‰、运费10美元/吨、港口杂费100元/吨、汇率6.15、配额内进口关税税率1%、增值税率13%计算：

泰国大米进口成本＝（437×110%×2‰＋437＋10）×6.15×（1＋1%）×（1＋13%）＋100＝3 244（元/吨）

自测题

一、填空题

1. 早籼稻消费结构分为四大类：口粮、种子、（　　）、（　　）。

2. 稻谷主要调入省份为（　　）、（　　）、（　　）、四川、广西、上海。

3. 2012 年全国入统大米加工企业 30 716 个，其中日加工产能超过 1 000 吨的企业有（　　）个。

4. 稻谷的主要流通形式为（　　）、（　　）。

二、不定项选择题

1. 稻谷消费结构中占比最大的为（　　）。

A. 口粮　　B. 种子

C. 饲料用粮　　D. 工业用粮

2. 早籼稻每年的轮换规模大约为（　　）万吨。

A. 500　　B. 1 000

C. 1 500　　D. 2 000

3. 中国稻米的主要进口国为（　　）。

A. 泰国　　B. 越南

C. 印度　　D. 美国

4. 国际大米基准价是（　　）。

A. 中国早籼米　　B. 美国长粒米

C. 泰国 100% B 级大米　　D. 越南 5% 破碎率大米

5. 稻谷年度结余指（　　）。

A. 产量 - 消费　　B. 期初库存

C. 期末库存　　D. 新增供给 - 总需求

参考答案

一、填空题

1. 饲料　工业　　2. 广东　福建　浙江
3. 2 780　　4. 集中加工　分散销售

二、不定项选择题

1. A　　2. A　　3. AB　　4. C　　5. D

第五章

稻谷产业链

本章要点

稻谷产业链是对产业层次、产业关联度、资源加工深度和满足需求程度的形象表达。通过本章的学习，读者可以了解稻谷产业链的概况和企业群结构，了解不同产业的企业之间的关联，以及各行业在市场中面临的风险，加深对稻谷期货相关实体产业的认识。

一、什么是稻谷产业链？

稻谷产业链即从稻谷原粮资源通过若干产业层次不断向下游产业转移直至消费者的路径。它包含四层含义：产业链层次的表达；产业链产业关联度的表达（产业关联性越强，链条越紧密，资源配置效率也越高）；产业链资源加工深度的表达（产业链越长，表明可达到的深度越深）；产业链需求程度表达。产业链始于自然资源，止于消费市场。

围绕稻谷资源形成的产业链，存在着上下游关系和相互价值的交换，上游环节向下游环节输送产品和服务，下游环节向上游环节反馈信息。

稻谷工业用途较多，产业链较长，从上游的种植、收购、仓储到中游的大米加工销售，再到下游行业工业用粮及稻谷的精深加工，涉及的产业包括米粉行业、食品行业、酿酒行业、淀粉糖业、油脂行业、生物质发电、生物制药及建筑材料等（见图 5－1）。

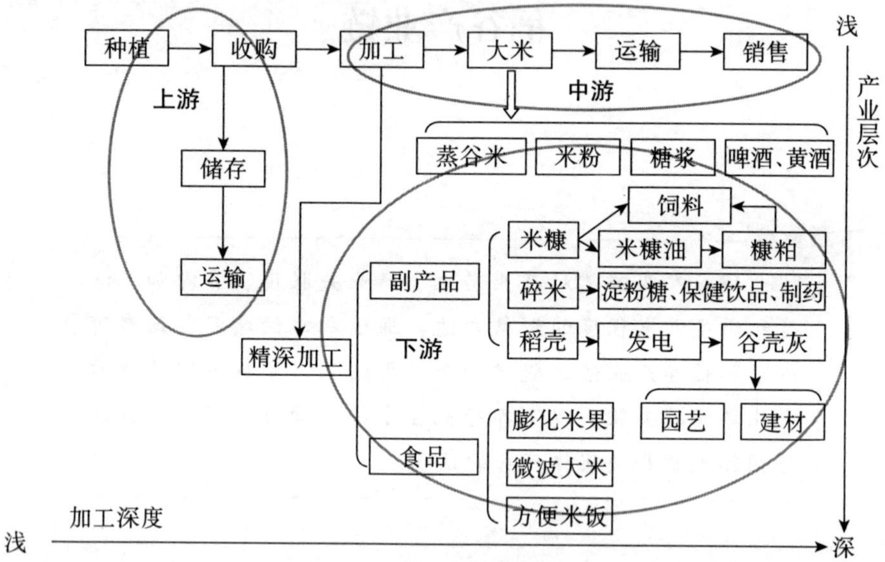

图 5－1　稻谷产业链结构图

案例 5－1

金佳谷物稻谷产业链

江西金佳谷物股份有限公司是国家级农业产业化龙头企业，在稻谷产业链的探索发展上，组建了农业合作社，形成了以稻谷加工为核心，向稻壳发电、碎米淀粉糖、稻米油生产延伸、综合利用粮食的循环经济产业链。

金佳公司通过建立农业合作社，与广大农民签订了稻谷收购合同，涉及稻谷种植面积10万亩左右，实现了稻谷统一耕种，同时通过分布广泛的稻谷收购站点，从源头上保证稻谷原粮的供应及质量。在保证原粮供应的基础上，公司产业链建设规划清晰，形成了年产18万吨优质大米、稻壳发电6兆瓦、淀粉糖产能6万吨及稻米油产能5 000吨的产业链。

籼稻加工成大米一般会产生的副产品成分为20%的稻壳、10%的细糠、4%左右的碎米。利用这些副产品向下延伸产业链，为公司扩大收入来源及稳定收益拓展了渠道。2010年上半年金佳电厂实现并网发电，发电约100万度，使用稻壳1 600吨。碎米生产淀粉糖转化率为90%，淀粉糖相对于白糖甜度为0.46。白糖价格大幅上涨，利用碎米生产淀粉糖替代白糖的需求增加，生产淀粉糖有利可图。稻米油是利用米糠经压榨法或浸出法制取的食用油，米糠的组成成分为油脂15%～22%，相当于大豆的含油量。稻谷全身都是宝，综合利用大米加工产生的副产品，既能提高企业经营效益，又能提高企业的市场竞争力。发展稻谷全产业链，实现产业化经营将成未来稻谷市场的发展趋势。

二、稻谷产业链基本特点有哪些？

稻谷产业链基本特点如下：

（一）产业链较长

稻谷因品质特殊，工业用途多，因此产业链较长。稻谷产业链包括上游的种植、收购、贸易、储存等；中游的大米加工及销售；下游的米粉、啤酒、糖浆等的加工以及精深加工。

（二）参与主体多

收购、仓储、加工企业多。稻谷8大主产省储备库数量非常多，国有企业是稻谷收购和仓储市场的主体，是国家调控粮价的执行主体。中储粮收购的稻谷政策性比例大，地方储备则是经营性比例大、政策性比例小。因大米加工行业进入门槛低，稻谷主产区和主销区加工企业数量众多。

（三）地域分布不平衡

稻谷产业链主要分布在主产区，销区则以大米和米粉加工、啤酒米为主，其他下游产业及精深加工基本分布在主产区。

（四）产业集中度和成熟度不同

上游收购和仓储业及中游的加工业发展时间长，产业发展成熟，产业集中度较高；下游精深加工业刚起步，规模较小，有待发展。

（五）产业链上游、中游受政策影响大

我国口粮受政策的关注较多，上中游产业易受政策的影响。

（六）产业链中游、下游企业受价格影响大

产业链中游和下游企业市场化程度高，受价格波动的影响大。

稻谷产业链见图 5－2。

三、稻谷种植主体有哪些？

稻谷的种植比较分散，家庭联产承包责任制的农村土地制度决定了当前我国稻谷种植主要形式是分散的农户种植。不过近年来随着农村土地使用权流转的盛行以及种粮大户的数量增多，稻谷种植规模不断扩大。而农业专业合作社作为新时期发展迅速的农民自发组织，是在农村家庭承包经营基础上，由同类农产品的生产经营者或者同类农业生产经营服务的提供者、利用者自愿联合、民主管理的互助性经济组织，这种组织形式迎合了“三农”发展的需求，为其成员提供农业生产资料的购买，农产品的销售、加工、运

小贴士

稻谷产业链

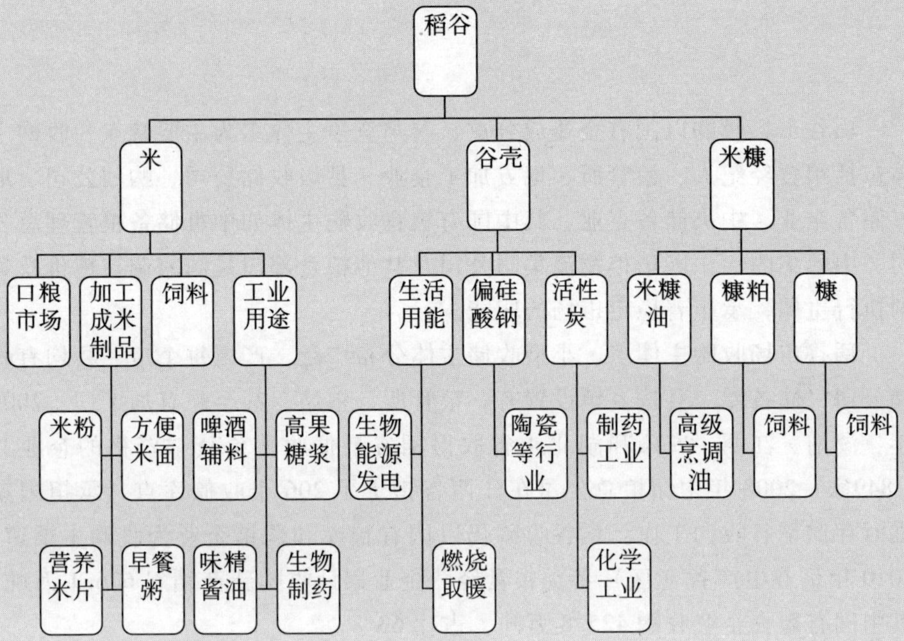

图 5－2　稻谷产业链

输、贮藏以及与农业生产经营有关的技术、信息等服务。随着种粮大户和农业合作社的发展，在种植规模和售粮方面，有改变过去被动的格局、自主调节生产和销售的需求。

随着农业产业化的发展，大型的粮食企业发展了订单农业并建立了生产基地。订单农业的发展和生产基地的建设，为大型粮企稳定粮源、发展产业化经营起到了积极的作用。然而在订单农业的执行过程中，这些大型企业往往面临市场价高时农户违约，而市场价低于订单价时订单才能执行的风险。生产基地的建设是大型企业在发展道路上摸索出来的新型运作体制，一般为“企业＋生产基地＋农户”的运作模式，企业通过生产基地来获取稳定粮源，当然企业要承担风险，包括减产和粮食价格下跌等。

四、稻谷市场收购主体有哪些？

稻谷市场收购以国有企业成分重、参与竞争主体多为主要特点。收购主体包括粮食经纪人、粮管所、地方加工企业、县级收储公司、购销公司、地方储备企业、中央储备企业。其中国有粮食收购主体如中央储备粮管理总公司、中粮集团、中国华粮物流集团公司及其他粮食部门是国家调控粮价政策的执行主体，承担着稳定市场的职能。

稻谷市场收购主体多，小型收储主体分布广泛，产区每个市、县均有收储公司、储备库。县按乡镇设置有：粮管所、粮站，甚至配有加工厂。2006年，湖南、江西、安徽和湖北4省取得稻谷最低收购价贷款资格的企业共1 849家；2008年中储粮总公司在江西省指定了206个收储库点，承担国家临时存储稻谷收购工作。稻谷收购仍以国有粮库和购销企业为收购主渠道，2010年稻谷主产省（区）各类粮食经营企业累计收购新产稻谷676.1万吨，其中国有粮食企业收购425.8万吨，占比63%。

稻谷收购市场竞争主体多，而稻谷的集中收购期短，这就使得稻谷上市时期易出现粮源紧张的局面，尤其是在多灾年份更容易出现抢粮的局面。在现货收购市场上，由于信息相对闭塞，局地的减产可能导致该地盲目抢购而出现价格过高的局面，这就使得收购企业可能面临稻谷价格后期下跌的风险。

作为储备粮存储企业，中国储备粮管理总公司规定，在按规定的补贴费用标准包干后，储备企业对中央储备粮油的轮换自负盈亏。轮换发生的盈利，应主要用于改善粮食的保管及用作今后轮换的风险准备；轮换产生的亏损由企业自行承担消化。大型仓储企业面临稻谷轮出和轮入这段时期价格波动的风险，一旦价格上涨，仓储企业将面临亏损的风险。

五、稻谷贸易企业是怎样运作的？

稻谷贸易企业作为稻谷产业链上的中间环节，一边连接市场，一边连接农户。随着我国粮食流通体制改革的推进以及粮食收购市场完全放开，稻谷贸易企业在整个稻谷产业中的作用日益凸显，成为稻谷经营活动中的一支生力军。

稻谷产销区位明确，流向基本稳定。稻谷主产区为长江中下游地区的湖北、湖南、安徽、江西、广西、广东、江苏等省份及东北的黑龙江、吉林、辽宁等，主销区主要为上海、浙江、福建、广东等省份。稻谷贸易企业一般都在稻谷集中上市期收购原粮，经过一段时间的存储后，再把稻谷转向市场，形式有销区储备补库、加工企业采购等。

稻谷贸易企业连接农民与市场两头，既承担着稻谷价格波动带来的风险，又可能面临资金运转不畅的困境。稻谷在存储过程中对仓库条件的要求比较高（如占库容量大、通风条件好、运输方便等），而长期存储还会造成一些损耗和霉变，所以存储环节既占用了大量资金，又存在潜在的额外损失。在销售环节上，如果需求疲软或者国储大量拍卖和轮出，高价收购的稻谷将面临跌价和销售不畅的风险。

六、稻谷加工企业的一般运作方式是怎样的？

稻谷产业链上，大米加工门槛低、企业数量多，2012 年全国入统大米加工企业 9 788 个，年生产能力 30 716 万吨，平均产能为 3.1 万吨/个，日均加工能力 120 吨，加工规模较小。

以加工稻谷为主或常年单一加工稻谷的企业，通常直接为啤酒厂、米粉厂、饲料厂、味精厂加工原料，由于工业生产的特点，这些加工企业一般规模较大，有自己的仓容，在收购季节会大量收购稻谷，然后进行加工。一般的企业稻谷加工规模较小，经营方式为即购即加、边收边加。对于大型的稻谷加工企业来说，稳定经营、保住市场份额是关键；对于小规模加工企业来说，抢占市场是关键。不管出于哪点考虑，企业面临的风险是不会改变的，大企业需要保护库存，规避价格下跌的风险；小企业需要获取更廉价的原粮，以低价的优势获取市场青睐，否则小企业难逃停产的命运。

七、蒸谷米加工企业的运作是怎样的？

蒸谷米（parboiled rice）国际市场俗称“半熟米”，是以早籼稻为原料，经清理、浸泡、蒸煮、干燥等水热处理后，再按常规稻谷碾米加工方法生产的大米制品，具有营养价值高、出饭率高、出油率高、储存期长、蒸煮时间短等特点。蒸谷米在中国还不广为人知，但在欧美、中东地区以健康米、绿色食品著称，其全球年贸易量为 500 万吨。由于蒸谷米渗透了米皮的颜色，不像一般精白米具有洁白的外观，故在国内销售量不大。国内蒸谷米一般用于出口，主要出口地为中东和东南亚，海外订单稳定，企业经营规模大，在订单确定的情况下，降低蒸谷米生产成本是关键。

国内蒸谷米生产原粮以早籼稻为主，因其订单的稳定性，企业在原粮采购上可以进行周密的部署，一般企业年处理原粮 40 万吨左右。在稻谷集中上市期企业就要入市大量采购，由于企业的稻谷需求量大，要满足其用粮需求就须高出周边企业报价收购。受企业仓容所限，库存稻谷难以满足全年生产需求。稻谷集中收购期结束后，企业仍须在市场上寻购稻谷，此时市场余粮不多，企业持续性采购稻谷会抬高周边地区稻谷报价，企业面临成本提高的风险。

八、米粉与稻谷有什么关联？

米粉是指以大米为原料，经浸泡、蒸煮、压条等工序制成的条状、丝状米制品，而不是词义上理解的以大米为原料研磨制成的粉状物料。米粉质地柔韧，富有弹性，水煮不糊汤，干炒不易断，配以各种菜码或汤料进行汤煮或干炒，爽滑入味，深受广大消费者（尤其南方消费者）的喜爱。湖南、江西、广东、广西 80% 以上的居民每天都要吃米粉。

米粉品种众多，可分为排米粉、方块米粉、波纹米粉、银丝米粉、湿米粉、干米粉等。米粉主要用陈早籼米制作。1 年以上的陈早籼米出粉率最高，是陈稻谷的主要消化渠道之一。广东省米粉生产主要集中在东莞，大规模生产企业一天加工几百吨，小规模生产企业一天加工 8 ~ 10 吨。加工能力每年为 15 000 ~ 20 000 吨大米的大型米粉厂估计有七八十家。广西南宁有七八十家米粉生产企业，全区则有几百家。南宁南方米粉有限责任公司是广西南方食品集团股份有限公司的控股公司之一，是广西乃至全国最大的米粉生产企业，项目全部建成后预计年消化早籼米 6 万吨。

米粉加工企业愿意使用碎米较多、较陈的早籼稻谷加工的早籼米，因为这种早籼米出粉率高。常规短粒型稻谷因淀粉含量高、出粉率好受到市场青睐。在稻谷现货市场上，因陈早籼稻工业用途多，新、陈早籼稻的消费比例大概是 1∶1。2009 年全国米粉（米线）产量为 55 万吨，年生产能力 106 万吨。早籼稻工业用粮为 250 万吨/年左右，米粉生产占据了其 20% 以上的比重，米粉生产行业的发展与稻谷可谓息息相关。

九、啤酒酿制与稻谷有关系吗？

啤酒是人类最古老的酒精饮料，是水和茶之后世界上消耗量排名第三位的饮料。2009 年，亚洲的啤酒产量约 5 867 万升，首次超越欧洲，成为全球最大的啤酒生产地。2009 年中国啤酒产量 4 236.38 万吨，居全球首位。

根据国家统计局啤酒行业数据显示，2006 年全国累计生产啤酒 3 515 万吨，同比增长 14.20%。随着国民经济的发展、消费升级时代的到来，啤酒等以往非主流食品消费量得到大幅提升。我国啤酒产量从 1985 年的 310 万吨一路提升到 2006 年的 3 515 万吨，年均增长率超过 40%。2007 年我国啤酒消费已经达到 3 931.37 万千升，居全球第一位，增长速度达到 13.8%，创下近 10 年以来最快的增长速度，远远高于全球啤酒消费量 3% 左右的增长速度。

啤酒生产的主料为麦芽，辅料为大米，两者使用比例为 7∶3。大米淀粉含量高，浸出率也高，含油质较少，但其淀粉的糊化温度比玉米高。以大米为辅助原料酿造的啤酒色泽浅，口味清爽。大米是中国啤酒生产用量最多的辅助原料，90% 都使用大米，少量使用淀粉、玉米、糖浆、小麦芽等。

啤酒用大米，早米、晚米、陈米都可以，要求碎米率不能太高，越新越好。一般选择圆短粒早米，因其淀粉含量高。以燕京啤酒为例，其产量为 400 万吨/年，需 16 万吨大米，合早稻 23 万吨，也就是生产 100 万吨啤酒，就需要消耗 5.75 万吨稻谷。国内啤酒销售价格 2003 年以来持续上涨，单价从 2003 年的 2 092 元/千升上升了到 2006 年的 2 365 元/千升，三年上涨了 13%，平均每年上升 4.49%，主要原因之一就是成本上升，大麦、大米、包装物等的价格都较快上升，导致啤酒价格的上涨。

啤酒销售半径小，地域性强，市场集中度低。青岛啤酒、华润啤酒、燕京啤酒三家已经占据了我国 36% 左右的市场份额，市场集中程度较低。全国大部分省市都有自己的啤酒企业，啤酒市场的竞争程度较为激烈。原料成本的不断提升，考验着啤酒企业应对原料涨价的能力及如何把握机会突出重围。

十、稻米油是怎么来的？

稻米油是由稻谷加工过程中得到的米糠用压榨法或浸出法制取的一种植物油。米糠含油约18%，除供食用外，可用于制肥皂、硬化油、甘油、硬脂酸、油酸、油漆树脂等。

稻谷除去稻壳即为糙米，糙米由米糠层、胚及胚乳三部分组成，其中米糠层约占糙米总重的7.5%。以稻谷出糙率75%计算，米糠占到稻谷总重的5.625%。米糠的组成成分为油脂15%～22%，相当于大豆的含油量，蛋白质为12%～16%。米糠榨油后的糠粕可作饲料。

以前米糠的用途少，一般都作为饲料用，米糠的定价极低。随着科技的发展，米糠的用途更加广泛，如金龙鱼稻米油、福临门稻米油等，已经推向终端消费市场。米糠的需求显现出来，定价市场化，跟随稻谷价格变化而变化。稻米油榨油原料的价格风险暴露，需要规避其价格波动的风险。

十一、稻米油的市场前景如何？

稻米油具有很高的营养价值，在欧美、韩日等国家，它是一种与橄榄油齐名的健康营养油，深受高血脂、心脑血管疾患人群喜爱，并早已成为西方家庭的日常健康食用油。目前稻米油已受到世界许多国家的关注，成为继葵花籽油、玉米胚芽油之后又一新型食用油。美国市场稻米油的零售价格达2.65～3美元/千克，远远超过大豆油、花生油等传统食用油的售价。

我国是世界上最大的稻米生产国，年产米糠量达 1 000 万吨左右，但绝大部分还没有作为重要油源加以利用，大量用作畜禽饲料。若将国内米糠产量一半用于加工稻米油，则每年可得 80 万吨稻米油。虽然我国稻米油原料资源丰富，但稻米油的生产和消费还处在起步阶段。2009 年，大米加工副产品米糠 862 万吨，其中制油用占 9%，饲料用占 37%。2009 年国内稻米油产量 12 万吨左右，其发展的空间还很大。

随着金龙鱼稻米油的推出，稻米油受到的关注开始增加。国内食用油对外依存度较高，大豆油和菜籽油价格为 1 万元/吨左右，传统食用油价格的高企以及国内食用油缺口的存在，使得稻米油的压榨前景备受关注。国内丰富的稻谷和米糠资源、倡导健康生活的方式和国内食用油缺口的存在，将为稻米油的生产提供广阔的空间。

十二、谷壳主要有哪些用途？

2009 年国内大米加工产生稻壳 1 498 万吨，其中发电用占 4%，供热用占 29%。

谷壳发电是我国比较新的产业。我国目前利用谷壳发电的企业还不多，不过随着稻谷产业链的完善，预计将有更多的企业立项谷壳发电，稻谷产业链的完善可为企业带来更大的效益。江西金佳谷物有 6 兆瓦的谷壳发电机组，年发电量为 4 200 万度，每年可节约标准煤 14 万吨，向大气少排放二氧化碳气体 4 万吨。谷壳发电一般为 3 斤稻壳发 1 度电，产生的热量可以用在其他生产车间，电厂的高温还可以融化碎米生产淀粉糖浆。国家鼓励利用生物质发电，利用谷壳发电每度电补贴 0. 25 元。

谷壳燃烧供热是国内稻壳的主要用途之一，1 吨谷壳的燃烧值相当于 1 吨标准煤燃烧值的 1/2，1 吨谷壳燃烧值为 3 000 ~ 3 500 卡，1 吨标准煤燃烧值为 7 003 卡。谷壳燃烧后产生的谷壳灰还可以再利用，加工生产建筑材料和炭黑等。谷壳灰也是很好的肥料，含有大量的氮肥和钾肥，可以用作肥料还田。谷壳碳是稻壳经焖烧而成的黑色碳状物，含有丰富的钾、磷、钙等营养元素，含钾5%～10%，含磷1%～4%，且肥效快。在花卉盆景的混合料中掺入一定量的谷壳碳，能促进其光合作用，利于碳水化合物的合成及植株的生长，还能防止倒伏，提高抵抗病虫害的能力。谷壳碳具有良好的透气性和吸水性，能够改良土壤结构，提高盆土温度。

十三、稻谷与淀粉糖有什么关系？

淀粉糖是以含淀粉的粮食、薯类等为原料，经过酸法、酸酶法或酶法制取的糖，包括麦芽糖、葡萄糖、果葡糖浆等，统称淀粉糖。我国淀粉糖行业在21世纪起步，并获得突飞猛进的发展。2005年淀粉糖产量420万吨，至2010年淀粉糖产量达到1 000万吨左右。

稻谷淀粉含量高，每斤稻谷碎米可转化0.9斤的淀粉糖浆。谷壳发电企业可利用发电过程产生的热量融化碎米，再经过处理形成淀粉糖浆。淀粉糖甜度为白糖的46%，随着白糖价格水涨船高，淀粉糖的替代需求明显增加。在食品领域，淀粉糖因为其独特的效用，正越来越多地应用于饮料、糕点、乳制品和糖果等行业，部分取代了蔗糖。比如，结晶果糖由于能量低，代谢不受胰岛素制约，可以供糖尿病患者食用，且不易被口腔微生物利用，对牙齿的不利影响小于蔗糖，所以被预测为21世纪代替蔗糖的新型糖源。淀粉糖在医药领域的应用也相当广泛，可用于生产多种产品，如抗生素、酒精等都可用葡萄糖为原料发酵制取。

自测题

一、填空题

1. 稻谷产业链，存在着（　　）关系和（　　）的交换，上游环节向下游环节输送（　　），下游环节向上游环节（　　）信息。

2. 稻谷在加工大米过程中还伴有（　　）、（　　）、（　　）等副产品。

二、不定项选择题

1. 稻谷产业链有（　　）。

A. 稻壳发电　　B. 稻米油

C. 淀粉糖　　D. 饲料加工

2. 早籼米的淀粉糖转化率为（　　）。

A. 50%　　B. 60%

C. 80%　　D. 90%

3. 我国的蒸谷米生产，主要使用（　　）为原料。

A. 早籼稻　　B. 晚籼稻

C. 粳稻　　D. 糯稻

4. 米糠的出油率为（　　）。

A. 10%　　B. 15%

C. 18%　　D. 20%

三、简答题

1. 我国稻谷产业链的主要特点是什么？

2. 稻谷市场收购主体有哪些？

参考答案

一、填空题

1. 上下游 相互价值 产品和服务 反馈

2. 米糖 碎米 稻壳

二、不定项选择题

1. ABCD 2. D 3. A 4. C

三、简答题

1. 产业链较长、参与主体多、地域分布不平衡、产业集中度和成熟度不同、产业链上中游受政策影响大、产业链中下游受价格影响大。

2. 粮食经纪人、粮管所、地方加工企业、县级收储公司、购销公司、地方储备企业、中央储备企业。

第六章

影响稻谷期货价格的因素

本章要点

主要围绕影响商品价格的因素展开，另外还涉及期货、现货各市场之间的互动，使读者对其有更清晰的认识。

一、稻谷供求关系对其价格有什么影响？

任何商品，供求关系对其价格变化都有影响，体现经济学供求规律，稻谷价格也不例外。例如，当稻谷社会需求的绝对量增加，供应短缺时，则会导致市场价格上涨；反之，当稻谷供应过剩时，价格必然下跌，从而刺激消费。但供求关系并非影响稻谷价格的唯一直接因素，除了供求关系之外，价值、农产品比价关系、政策、货币价值、国际价格水平、货币供应量等都会直接影响稻谷价格，当然，最终价值是价格的决定性因素。因为上述各种因素往往是通过改变供求关系来体现的，所以，供求关系成为市场上投资者最为关心的因素。

不同商品属性不同，表现在受宏观经济周期影响程度上有较大差异。而稻谷是一种农作物，可循环再生，其价格波动受季节性影响较大，金融属性不强。

二、天气与气候变化对稻谷价格影响大吗？

稻谷是农作物产品，而农作物产品的生产基本条件就是要有适宜的自然环境，俗话说“靠天吃饭”就是这个道理。天气和气候变化具体来说就是水稻生长期间的温度、水分、光照等天气条件改变，或有利于生长或不利于生长。水稻生长好坏决定了产量，从而带来供给量的变化，影响供求平衡，进而影响价格。例如，温度过低，在稻谷生长初期易导致死苗，中期易导致空壳和瘪谷，后期导致生长缓慢；而温度过高，则容易导致结实率下降。因此，天气与气候的变化对稻谷价格有很大的影响。稻谷价格变化方向和幅度受天气和气候变化影响很大程度上还表现在实际天气改变与市场预期的差异方面。例如，投资者和市场人士预期，有关部门也预测未来一段时间将发生干旱和高温天气，但这段时间实际天气却是雨水充足，温度也适宜。也就是说，天气条件实际状况比预期好，价格就会下跌；反之，价格上涨。

三、季节性供求对稻谷价格有什么影响？

作为农作物，稻谷价格也有季节性因素，稻谷的收购价低点在中、晚籼稻收割期，即10月份中晚籼稻上市初期，这时供应的压力最大。相对于供应，此时需求并未完全释放。因此，中晚籼稻上市后即出现阶段性供给大于需求状况，这种状况会对稻谷市场价格造成影响，出现稻谷价格季节性波动规律。在其他条件不变的情况下，稻谷市场出现收获后季节性低点，通常在10~11月随着市场消化这些新增供应量，市场价格又逐步走高；消费旺季，如春节效应和农民工节后返城，需求量增加，往往出现稻谷市场价格的季节性高点。上述季节性价格波动特点是一般性规律，在实际分析稻谷价格波动时，不可预期的天气变化，如有利的和不利的天气条件对价格产生更宽幅的波动。此外政策的实施也可对稻谷市场价格的季节性波动有熨平效应。

四、生产成本是价格“铁底”吗?

生产成本包括固定成本和变动成本。当生产收入超过生产成本时，生产者才有利可图。不过固定成本相对来说是沉没成本，不生产的话就难以回收。所以，在生产上临界点有一个说法：当生产获得的收入超过了变动成本并能够回收部分固定成本时，生产者就会启动生产。在以前的农业生产中，家庭用工属于沉没成本这一块，因为没有其他劳动替代农业生产劳动。

在稻谷的生产上，也有过价格跌破生产成本的时候，2000年稻谷上市时价格最低只有660元/吨。按照每亩稻谷可变成本206元、亩产量390公斤计算，则生产1吨稻谷耗费的可变成本就有528元，价格超过了可变成本，农民还愿意继续生产，否则，其生产意愿受到严重打击。如果按2000年稻谷总的生产成本（包括可变成本、家庭用工、土地租金等）每亩377元计算，每吨稻谷生产成本合计966元，成本就超过价格300元/吨，农民是亏钱的。按照农产品价格对供需影响的蛛网理论，当季价格决定下季的产量，我国2000年后的稻谷产量不断下滑就是很好的诠释。

五、稻谷的种植成本具体构成是什么？

稻谷种植成本来自三大块：一是物资与服务费用；二是人工成本；三是土地租赁费用。

（一）物资与服务费用

物资与服务费用包括种子费，化肥费，机械作业费，农药费，水电排灌、排涝费，农机具维修费、折旧费等。

（二）人工成本

稻谷属于精耕细作型的产业，需要投入一定的劳动力来管理田间生产。一般认为稻谷生产至收获需耗时 6 日左右，在收获季节需雇佣劳动力以加快收获进度。

（三）土地租赁费用

地租成本是稻谷种植成本中的一大块。农村土地租赁特点为：零星土地租赁便宜，大宗土地租赁更贵。

随着我国经济社会发展，农业生产效率提高，稻谷的种植成本趋于走高，尤其是土地成本和劳动力成本上升趋势难以逆转。近年来，稻谷种植成本的刚性上涨为稻谷价格提供了有力支撑。据有关方面统计，2013 年早籼稻总成本为 1 050 元/亩，其中现金成本 496 元/亩，分别较 2009 年上涨 63%、37%，家庭用工和土地成本未计入现金成本中。成本上涨，也带动稻谷收购价格的上涨。

稻谷的成本收益情况是影响农民种植积极性的主要因素之一，稻谷成本对市场价格有一定的影响力，市场粮价过低，农民会惜售；收益情况会影响农民对下一年度的种植安排。收益增加，农民可能会增加种植面积，反之可能会减少种植面积。

六、稻谷种植成本与收益如何测算？

按照上题中给出的成本构成来分步计算2013年早籼稻的种植成本。

（一）物资与服务费用

1. 种子费：种子一般占稻谷产量的6‰左右，也就说亩产750斤需要种子约4.5斤，每年种子价格会有变化，2013年普通稻谷种子费每亩大概50元。

2. 化肥费：复合肥、尿素、钾肥和磷肥，合计130元/亩。

3. 机械作业费：平均每亩机耕费70元，机割费90元。

4. 农药费：早稻平均打药2～3次，2013年每亩农药费用达40元左右。

5. 水电排灌、排涝、农机具维修费40元左右。

（二）人工成本

管理田间生产，每亩用工6个工作日，其中收割雇工1个工作日，雇工成本100元，自身劳动力投入按照70元/日计算，则人工成本高达450元/亩。

（三）土地租赁费用

农民自家种植一般当作隐性成本，不计算在内，但是农田租种给他人，按照每亩给稻谷150斤，折价1 957元/亩。

2013年，江西主产区的种植成本为1 065元/亩。

现金收入为稻谷产值和国家补贴。2013年江西早籼稻平均亩产872斤，2013年8月稻谷收购高峰期其主流收购价为1.3元/斤，则稻谷产值为1 133元/亩，国家给农户每亩直补68元，早籼稻种植净利润为136元/亩。

如果家庭用工 350 元/亩及土地成本 195 元/亩不计入成本中，农民种粮可以获得的现金收益为 681 元/亩（=1 133－1 065＋350＋195＋68）。上下两季种植稻谷，则可获得 1 400 元/亩左右的现金收益。

当然，成片种植的土地，土地成本就要计为现金支出，预计要达到 500 元/亩左右（单季要分摊到 250 元/亩），早籼稻规模种植的现金收益大约为 430 元/亩，双季大约为 900 元/亩，则规模种植要达到 100 亩以上，年现金收益达 9 万元，对在家务农的劳动力才有吸引力。

相对投入和产出效应来说，稻谷生产收益不错，但是和劳动力从事其他行业，如外出打工的收益相比，稻谷生产收益仍然不算太高，其他行业收益的增长将影响农民从事稻谷生产的积极性。

七、相关农产品的走势对稻谷期货有什么影响?

不同商品的价格受不同主要因素的影响程度不同，其价格变化幅度也各不相同，但是农产品的商品价格走势，表现为同一时间、同一市场、不同农产品价格之间的比例关系往往具有一定的关联性，这主要是因为它们之间具有可替代性所致。例如，与稻谷价格相关性比较大的其他农产品主要有小麦和玉米等谷物。当小麦或玉米价格过度上涨，稻谷被作为替代品，而抑制小麦或玉米的价格涨幅。当稻谷价格上涨过多后，其供应量也会增加。如此，稻谷价格又受到供应量增加的影响而下跌。因此，小麦或玉米价格与稻谷价格比例保持在一定区间波动。所以其他相关农产品的价格对稻谷期货价格会产生影响。

根据我国学者研究，稻谷与小麦和玉米价格之间有较强的相关性，相关系数为 0.9639 和 0.9705。稻谷价格除了与相关农产品价格有一定比例关系，与其他不同类商品之间也会形成比价关系，这个比价关系同样也会对稻谷期货价格产生影响。如稻谷与以粮食为饲料的畜产品之间就存在着一定的比价关系。

八、稻谷价格和能源有没有关系？

稻谷为我国三大主要谷物农产品之一，在业界，稻谷总是拿来和玉米做对比。确实，稻谷糙米与玉米有一些可比性，如两者的淀粉含量都非常高，而且，稻谷在一定程度上也可替代玉米作为饲料中的能源来源。但它们的特性差别较大，如稻谷糙米含直链淀粉非常高，更适于酿造，制成米粉和味精等。在这方面，稻谷具有一定的不可替代性。稻谷是居民最重要的口粮，所以稻谷并不能像玉米那样用来转化乙醇，作为生物替代能源，只是理论上可行，但会受到国家政策限制。

但是，稻谷加工的副产品——稻壳，与能源概念确实能联系起来。实践表明，稻壳可用来发电，而且有关数据显示 2 吨稻壳的热能相当于 1 吨标准煤。所以，稻壳作为可再生资源在一定范围内替代石化能源是符合我国生物能源转化不争地、不争粮、不争油的产业政策的，也是符合国情的。

九、国内大米与国际大米价格联动性如何？

随着全球经济一体化，国际大米与国内大米价格走势相互影响程度在逐渐加大，与玉米和小麦比较，大米国内外的价格联动性最高，但受供需格局、天气、政策影响不同，国内外市场关联性常常强弱不同。有时国内稻米市场明显强于国外，有时又明显弱于国外。如全球金融危机前、后时段，国内市场就明显弱于国外和强于国外走势。总体上讲，国内外大米市场相互影响，大趋势是一致的，但国内大米价格波动幅度明显小于国际市场，原因在于国内市场政策在定价方面的影响更为突出，加上进出口量的比重不高，导致国内外市场联系被阻隔，市场传导机制受到抑制。

从过去十年的两个市场表现看，学术研究结果表明国内外稻米价格相关系数为0.88，2006～2014年相关系数为0.9，相关度较高。

随着国内农产品期货市场功能的发挥，可以预期大米等农产品价格与国外联系程度将进一步加深。

十、宏观经济环境变化对稻谷期货价格有什么影响?

影响商品价格的最核心因素是供求关系，这是一般规律，稻谷也不例外。但宏观经济运行环境变化会对稻谷价格产生持久、深远的影响，有时这种影响也是非常直接的。一般情况下，宏观经济环境变化通过改变供求关系影响价格，例如，宏观经济形势向好，GDP增速加快，出口也增加，居民对稻谷的消费也会增加，消费增加促使稻谷价格上涨；反之，稻谷价格将会面临下跌压力。宏观经济环境变化也会影响到稻谷种植成本，进而影响价格。如CPI、PPI指数的上升，将伴随着农业生产资料价格上涨，使种植成本上升对价格起推动作用。有时，宏观经济环境变化使货币汇率发生变化，这往往对稻谷等农产品价格产生非常直接的影响。1994年由于人民币大幅贬值，造成稻谷价格短时间内非供求关系改变引起的大幅上涨就是一例。

当然，在分析宏观经济环境对稻谷价格有什么影响时，也要认识到，稻谷作为农产品有其自身的周期性波动规律，其根源在于农业生产的两个特点：一是受自然条件影响大，产量会因为不可控因素而波动；二是供应的季节性高峰期。

十一、为什么金融危机中稻谷价格非常坚挺？

2008年下半年，全球金融危机爆发，国内大宗商品市场也出现历史罕见的系统性风险，这种风险在2008年10月集中释放，整个市场可谓倾巢之覆，农产品市场也未能幸免。在农产品中，特别是期货市场，波动最大的是油脂类商品，小麦、玉米等谷物类表现相对抗跌，跌幅远远小于油脂类，稻谷也属于谷物类。稻谷期货在2009年4月上市，基本上避开了金融危机带来的影响。从稻谷现货走势看，价格波动也很小，即使在国际大米市场价格几乎跌去一半的情况下，仍然在相对高位平稳运行。为什么在国际大米市场和国内油脂大起大落的背景下，国内稻谷市场能走出独立、稳健的行情？一言以蔽之，还是稻谷市场所处的环境不同。首先是国内稻谷连年好收成，国库充盈，供应充足，这与国际市场形成巨大反差。其次，进出口在稻谷供需平衡中的作用微乎其微，国内的供求完全可以不通过对外贸易来平衡，国际市场价格的剧烈波动很难传导到国内市场。这也是我国谷物农产品市场在金融危机爆发后，抗跌性比油脂强得多的一个重要原因。最后一个不容忽视的原因是政策对市场的影响。在国际金融危机爆发后，我国政府及时出台了稳定粮食市场的强有力政策，如大幅提高水稻收购价、增加国家临时储备，这些措施有力地稳定了稻谷市场，很明显，政策对我国稻谷市场的运行具有不可替代的熨平效应。2009年10月正好是全球“金融海啸”一周年，回顾稻谷走势，从技术角度看，在国际市场大米暴涨时国内并没有跟涨，也可以说国内稻谷并没有泡沫，当然下跌的动力也就不足，价格自然坚挺。

十二、人民币汇率变动对稻谷价格有何影响?

自2005年7月人民币汇改以来，人民币相对美元一直保持升值的态势，这提高了人民币在国际市场的实际购买力。

人民币升值后，一方面，在国际市场上，我国农产品用外币表示的价格将上升，相应的，出口数量也将下降，从而进一步加剧国内农产品的销售困难问题。另一方面，在国内市场上，用本币表示的进口农产品的价格将下降，进口数量将随之上升。虽然短期内我国稻谷和大米产品进出口额都相对很小，再加上关税配额的限制作用和国内外巨大的价格差，进出口受升值的负面影响不是很大。但由于进口额较大的大豆、油菜籽和植物油等产品受升值影响进口大幅增加，压制了这些产品的价格，刺激了对大豆和植物油等产品的需要，间接地影响了国内稻谷等产品的消费，对价格形成不利影响。

人民币升值还有利于化肥的进口，抑制化肥的出口，这有利于农业生产投入品（主要是化肥、农药）供应量的上升和价格的下降。在农业的生产成本中，化肥的投入占了绝大部分，人民币的升值有利于稻谷生产成本的下降。

整体来说，人民币的升值趋势对稻谷的价格是不利的。

十三、国家收储与地方收储对稻谷期货价格的影响有多大?

我国每年稻谷产量为2亿吨左右，稻谷中央储备量大约为3 000万吨，各省、市、县三级还有地方储备。另外，临时收储政策收购量不确定，在熊市行情中，收购政策对价格的影响较大。2013 年按最低收购价收购（临时收储）稻谷 3 000 多万吨，对 2014 年上半年的稻谷价格起到了支撑作用。

从近年来的实践看，各地的政策性储备需求已成为早稻谷的重要出路，尤其是当年上市的新粮，各地的政策性储备需求成为决定其收购价格的高低乃至短期内市场销售价格走势的最重要因素。

稻谷期货作为新上市的品种，很多时候还是要看现货价格的“脸色”，现货价格的波动，可能在期货市场上引起千层浪；再加上交割制度的设计，交割月份期货合约价格向现货价格回归；在稻谷价格上扮演重要角色的收储，也会影响到稻谷期货价格走势。

小贴士

稻谷最低收购价政策

稻谷最低收购价政策是国家稳定市场粮价、保护种粮农民利益、促进农民增产增收的重要举措，它按照“有利于保护农民利益，有利于粮食安全储存，有利于监管，有利于粮食销售”的原则执行。在稻谷市场价格低于最低收购价格时，它要求指定收储库点可按照稻谷最低收购价在库内挂牌收购农民交售的稻谷。以当年生产的国标三等稻谷为标准品，自 2004 年国家实行最低收购价格政策以来到 2014 年，最低收购价格分别为每市斤 0.70 元、0.77 元、0.90 元、0.93 元和 1.02 元、1.20 元、1.30 元、1.35 元等。

十四、国家农业政策的影响力对稻谷价格有多大?

国家农业政策主要有农作物种植补贴政策、农资综合补贴政策、农作物良种补贴政策、农产品最低收购价政策和公开销售政策。前三大政策主要是对农民种粮进行补贴，2014 年我国农资综合补贴安排资金 1 071 亿元、种粮直补资金安排 151 亿元。对稻谷价格影响较大的农业政策主要是稻谷最低收购价政策和公开销售政策。

以近 14 年来的稻谷价格为例，可以看到我国稻谷价格在强力的惠农政策出台前后的明显变化。近十年来稻谷价格波动较大，2000 年伊始，稻谷价格跌落到 1 000 元/吨以下，随后几年，稻谷价格在低谷震荡。2004 年国家开始实行最低收购价格制度，稻谷为 70 元/百斤。这一政策的实行，极大地提高了农民生产的积极性，稻谷出现了丰产增收的局面，价格也开始小幅回落。2007 年后，全球粮食价格高涨，国内粮价也开始大幅走高，2008 年早稻价格涨到近 2 000 元/吨历史高点后开始回落。国家实施临时收储政策，提升了价格。2009 年早稻最低收购价提升至 0.9 元/斤，为早稻价格制定了政策底线，早籼稻价格在 1 800 ~ 1 900 元/吨区域平稳运行。2009 ~ 2012 年，早籼稻价格呈牛市，2012 年涨至 2 600 元/吨。

2005 年 11 月以来，国家有关部门组织粮食批发市场每周一次公开竞价销售最低收购价稻谷（稻谷为主），在新稻上市期间，全面停止储备粮的轮出，对调节市场供求、平抑和稳定稻谷市场价格发挥了明显作用。

十五、全球稻谷库存变化为什么备受市场关注？

稻谷库存就是稻谷总供给减去稻谷总需求后的余额，是研究价格主要的基本面指标。全球稻谷库存主要集中在稻谷主产国和消费国，中国的产量、消费与库存都位居世界第一位。其他稻谷库存较多的国家主要有印度、菲律宾、印度尼西亚、泰国、日本和越南等。据美国农业部 2014 年 4 月报告，2013/2014 年全球稻谷期初库存为 11 119 万吨，期末库存为 11 018 万吨，库存增加 101 万吨；美国农业部 2014 年 5 月报告预估，2014/2015 年预估期初库存为 11 125 万吨，期末库存为 10 977 万吨，库存减少 148 万吨。

稻谷库存量的变化反映了当前市场上供给与消费的差额。库存高企，一般表明市场的供给相对宽松，而需求较弱，稻谷价格受压。以2013/2014年度为例，稻谷期末库存较年初增加3 101万吨，全球稻谷价格高位回落，泰国100% B级大米价格也从581美元/吨回落到409美元/吨，并保持了较长时间的低迷。

十六、大米加工企业的利润如何计算？

稻谷的消费中还是以口粮比重最大，所以企业加工稻谷的利润对稻谷价格还是有一定影响的。加工稻谷利润高，则企业会加大收购力度，进而推动稻谷价格上涨；若加工利润薄，则企业收购稻谷的动力不足，稻谷价格自然难以上涨。

稻谷加工企业利润核算（理论）公式：大米销售收入（大米整精米率56% ×早籼米价格）+副产品销售收入（碎米率9% ×碎米价格+米糠11% ×米糠价格+谷壳21% ×谷壳价格）－原粮采购成本－人工、电力、包装成本－税费、损耗

如以2011年第一季度市场价为例，得加工利润为38元/吨：

大米销售收入（56% ×1.67元/斤）+副产品销售收入（9% ×1.28元/斤+米糠11% ×0.88元/斤+21% ×0.15元/斤）－2010年产三等稻谷1.10元/斤－0.04元/斤－0.02元/斤=0.019元/斤

折成期货通用单位，就是加工1吨稻谷的利润是38元。

自测题

一、填空题

1. 除了供求关系之外，影响稻谷价格的因素还包括（　　）等。

2. 天气情况的好坏会影响水稻的生长状况，从而影响产量和供需关系，进而影响价格。如果投资者和市场人士预期未来一段时间将发生干旱和高温天气，但这段时间实际天气却是雨水充足，温度也适宜，也就是说，天气条件实际状况比预期好，价格就会（　　）；反之，价格（　　）。

3. 农产品的商品价格走势，表现为同一时间、同一市场、不同农产品价格之间的比例关系往往具有一定的关联性，这主要是因为它们之间具有可替代性所致。例如，与稻谷价格相关性比较大的其他农产品主要有（　　）和（　　）。

4. 稻谷库存是稻谷总供给减去稻谷总需求后的余额。世界稻谷库存主要集中在稻谷主产国和消费国，（　　）的产量、消费与库存都位居世界第一位。其他稻谷库存较多的国家主要有（　　）、（　　）、（　　）、（　　）、（　　）和（　　）等。

二、单项选择题

1. 稻谷种植成本来自三大块：一是物资与服务费用；二是人工成本；三是土地租赁费用。其中物资和服务费用包括（　　）。

A. 种子费、化肥费、农药费

B. 种子费、化肥费、农药费、雇佣劳动力的费用

C. 种子费、化肥费、农药费、水电排灌排涝费

D. 种子费、化肥费、农药费、机械作业费、水电排灌排涝费、农机具维修费

2. 稻谷的用途较为广泛，包括口粮、饲料用粮、工业用粮和种子用粮等。据国家粮油信息中心测算，2007 年稻谷口粮消费占稻谷总需求量的比重为（　　）。

A. 24%　　B. 67%

C. 30%　　D. 60%

3. 稻谷的供给和需求有别于一般意义上说的产量与国内消费。供给包括期初库存、当年产量和进口，需求包括国内消费与出口。假设 2013/2014 年度，稻谷期初库存 6 000 万吨，稻谷产量 20 000 万吨，进口 60 万吨；2013/2014 年度我国稻谷国内消费 19 000 万吨，出口 150 万吨。那么，我国

2013/2014 年度稻谷的供给量和需求量分别是（　　）。

A. 26 000 万吨和 19 150 万吨　　B. 26 060 万吨和 19 150 万吨

C. 25 940 万吨和 18 850 万吨　　D. 26 000 万吨和 18 850 万吨

三、判断题

1. 稻谷的价格不会低于生产成本。（　　）

2. 我国对稻谷价格影响较大的农业政策主要是保护价政策。（　　）

3. 中国是全球最大的大米出口国，出口的 100% B 级价格大米是全球大米的基准价。（　　）

参考答案

一、填空题

1. 天气与气候变化、季节性、种植成本

2. 下跌　上涨　　3. 小麦　玉米

4. 中国　印度　菲律宾　印度尼西亚　泰国　日本　越南

二、单项选择题

1. D　　2. B　　3. B

三、判断题

1. ×　　2. √　　3. ×

第七章

认识稻谷期货的投资价值

本章要点

让读者了解，稻谷期货对投资者来说是一种投资工具，对稻谷企业来说既是现货市场的补充，又是生产经营的风险管理工具。

一、稻谷期货与现货的关联性如何？

稻谷期货价格与现货价格之间存在一定的关联性。期货价格和现货价格走势趋同，但又有差异。

当期货市场与现货市场之间存在不合理价差时，投资者可以通过在两个市场上进行反向交易，使价差趋于合理。一般来说，期货价格和现货价格之间的价差主要反映了持仓费用。但现实中，价差并不绝对等同于持仓费用。当两者出现较大的偏差时，期现套利机会就会存在。例如，当期货价格高于现货价格过多时，投资者可通过在期货市场上做空，而在现货市场上买入，进行无风险套利。随着期货市场空头力量以及现货市场上多头力量逐渐增强，期货价格与现货价格会逐渐趋于一致。反之，当期货价格低于现货价格过多时，投资者可通过在期货市场上做多，而在现货市场上做空，进行无风险套利。随着期货市场多头力量以及现货市场空头力量逐渐增强，期货价格与现货价格会逐渐趋于一致。

案例 7－1

2010 年 10 月中旬，早籼稻期货 1101 合约价格大幅上涨，超过 2 300 元/吨，而现货价格在 2 000 元/吨以下。至 11 月中旬，期货价格最高达到 2 245 元/吨。从贸易商的角度考虑，按 2 400 元/吨以上在期货市场卖出早籼稻完成销售计划利润空间较大，期现价差超过 400 元/吨。A 企业在 2 400 元/吨开始建立卖出头寸，随价格走高不断卖出 1101 合约头寸共计 100 手，均价 2 420 元/吨，基本匹配了该公司 1 个月的现货经营规模。

至 12 月初，早籼稻期货价格与现货价格的差价逐步缩小，现货价格上涨至 2 100 元/吨，期货价格回落至 2 200～2 250 元/吨。期现货价格在交割期临近时趋于一致。

在本案例中，早籼稻期货领先于现货上涨，但期货会放大利多因素的作用，并等待现货市场对利多信息的确认。随着交割期的临近，期现货的价差缩小，价格趋于一致（见表 7－1）。

表 7－1　期现货价差缩小

日期	期货	现货	价差
2010 年 11 月初	2 420 元/吨	2 000 元/吨	420 元/吨
2010 年 12 月初	2 200 元/吨	2 100 元/吨	100 元/吨

资料来源：瑞奇期货。

二、稻谷期货价格有何意义?

期货的本质是一种远期交易，是在目前条件下，买卖双方通过某一合约确定的未来价格。稻谷期货的远期价格并不是对目前市场供求关系的反映，而是综合现在的信息，对未来的稻谷的一种判断。

由于稻谷期货价格能反映未来的价格情况，而且公开透明，具有权威性，所以对种植稻谷的农户，做现货生意的批发、零售商，大米加工企业和饲料企业等所有使用稻谷的下游企业来说，他们能利用稻谷期货及早了解未来市场信息，做出有利于自己生产经营的决策。

案例 7－2

早籼稻期货发挥价格发现功能

2010 年是籼稻生产的多灾之年，上半年早籼稻因低温寡照和洪灾减产，下半年中晚籼稻又遭寒露风影响。自早籼稻播种以来，低温寡照天气令早籼稻播种出现死苗烂秧、移栽推迟、返青缓慢、有效分蘖不足的现象。6 月是早籼稻产量形成关键时期，低温致使早籼稻灌浆缓慢、收获延迟，而 6 月底长江沿岸洪涝灾害也加剧了早稻减产。早籼稻期货价格提前反映早籼稻减产对价格的影响，6 月底开始步入上升通道，早籼稻期货指数 7 月上涨 4.27%。2010 年 7 月中下旬，早籼稻现货价格高开于 1 920 元/吨左右，随之小幅上涨至 1 960～1 980 元/吨。

因早籼稻收获延迟，所以晚籼稻栽插顺延。而 2010 年 9 月中下旬寒露风提前来袭，晚籼稻扬花授粉不足，早籼稻减产已令中晚稻增产压力增大，市场对籼稻产量的担忧在 10 月中旬爆发，早籼稻期货价格高歌猛进，ER1105 合约迅速摆脱 2 150～2 250 元/吨的运行区间，步入2 300～2 450 元/吨新高运行区间。随之上市的中晚籼稻价格也刷新历史，达到 2 400 元/吨，步入购销平淡期的早籼稻现货价格也跟涨至 2 100 元/吨左右。

三、稻谷期货市场有何作用?

自2012年下半年以来，稻谷经营面临的主要风险有：(1) 政策价格与市场价格脱节的价格风险；(2) 储备稻谷预订但未出库的销售风险；(3) 购货方不提货出库导致库存被挤压的仓容风险；(4) 稻谷销售货款难以回笼的资金风险；(5) 大米消费面临进口米冲击的风险等。

此时，仅以现货市场的操作很难管理好这些风险。稻谷相关企业可以参与稻谷期货市场，通过卖出套期保值来规避价格下跌风险、仓容风险、资金风险等。

在稻谷价格上涨的年度，例如2010年的行情中，企业面临的是原粮价格持续上涨的风险以及原粮供应紧张的风险，那么可以通过买入套期保值来管理稻谷采购风险。

期货市场也会出现价格超涨或超跌的现象，此时，可以通过期现货价格比较，进行期现货套利交易。

四、期现货结合经营的投资价值如何?

众所周知，期货交易的品种是对现货进行统一规定的标准的品种，期货的标准化运作，为企业利用期货市场、为现货经营服务提供了清晰透明的规则和良好的期现货对接平台。

企业利用期现货结合经营，主要方式是期货定价采购销售、期货购销、期现套利、套期保值以及仓单融资。

期货定价采购销售：在企业锁定货源高于一切及价格上涨的行情中，企业可以通过期货买入多单方式进行避险。而在期货定价销售环节，企业要提高保粮质量，与期货质量标准看齐甚至高于期货标准，以便更好地参照期货进行定价销售。企业在销售稻谷时，可选渠道更多，掌握定价主动权，推行期货套期保值。

利用期货市场进行购销活动：期货市场虽然交割比率较低，但以交割来完成现货的购销活动，也不失为一种较好的购销方式。通过对市场价格的分析判断以及企业的成本核算，可以在期货市场上卖出商品或者买入商品。在期货市场上进行购销可以保证现货质量，而且信用度高，不存在违约风险问题，有时可能会存在一定的升贴水收益。

期现套利：由于期货市场波动剧烈，每年总会存在现货价格与期货价格背离过大的情况。企业可以利用强大的现货优势，进行高抛低平或者低买高卖的滚动操作，只要价格在企业成本控制范围内，就可实现无风险的期现套利。在此模式中，企业通过期货市场锁定利润，剩下的就是现货的搬运过程了。

套期保值：在期货市场进行套期保值是目前现货企业参与比较多的运作模式，也是期现运作的基础。企业根据生产计划、采购数量、库存状况、产品销售计划以及企业成本核算，对企业不可承担的价格风险进行套期保值。需要说明的是，套期保值是期现运作的基础，但不是期现运作的全部。如果现货企业纯粹为了回避价格风险，可以不采取期货交割的方式，而是以直接平仓的方式了结头寸。因为毕竟现货市场和期货市场在商品品质、等级上存在一定的差异，从规避风险的角度看，直接平仓的效率可能会更高、操作更灵活。

仓单融资：期货市场除了传统的价格发现和规避风险的功能以外，还有一个很重要的功能就是融资功能，在粮食收购资金封闭运行、粮食资金普遍紧张的背景下，粮食企业对仓单融资功能的需求非常迫切。期货市场的融资功能主要表现在：首先，通过套期保值的保护，做大现货贸易现金流，从银行获取更多的信用额度。其次，现货企业利用较少的保证金买入期货，相当于占用较少的资金拥有了远期现货；卖出期货，相当于已经对未来的产品进行销售，收取货款。通过期货市场的操作，企业能够达到节约资金、减少财务成本的目的。最后，现货企业通过注册仓单或者买入仓单，将仓单在银行进行抵押获取贷款或在交易所进行保证金冲抵或折抵，提高期货交易资金的使用效率。

案例 7-3

期货定价销售

2012 年早籼稻收购期结束后，新粮市场低迷，怎样为库存稻谷提前获得好的销售价格，是大型粮油公司认真考虑的大事之一。A 企业 2012 年 11 月签约销售早籼稻，定价以期货 1305 合约为基准，期货合约价为 2 730 元/吨，减去 125 元/吨的持有成本和合理利润，早籼稻现货定价为 2 605 元/吨，2013 年 4 月付款并交接货物（此批货物至 2013 年 4 月，A 企业方有货物处置权）。实质上这就是一单利用期货升贴水定价的现货销售业务。

A 公司于 2012 年 11 月获得 100 万元的预付定金，并约定如购货方最终决定不接收现货而进行期货平仓，则需对 A 公司进行补偿，超过定金比例部分的收益，A 公司可以共享，其中合同履约由期货公司作第三方监督。

在此次销售中，A 公司相当于将库存稻谷的销售工作由 2013 年的 4、5 月提前到 2012 年的 11 月，但又由于货物交收发生在 2013 年，不存在价格和资金风险。A 公司既锁定了一个高销售价格，又缓解了资金风险。

这单销售合同从最终的效果来看，A 公司获得了非常好的收益。至 2013 年 4 月底，现货价格已经下跌至 2 400 元/吨，A 公司提前销售，相当于卖出一份期货空头头寸，且与期货相比，没有支出保证金，还收到了一份合约定金。至 2013 年 5 月，早籼稻 1305 合约交割，此批货物已经完全交由买方处理，A 公司既回收了现金流，还获得了其他仓储企业难以腾挪出来的空库容，为开展早籼稻最低收购价收购提供了仓容与资金储备（见表 7-2）。

表 7－2　期货定价效果

日期	期货定价	现货	效果
2012 年 11 月	2 605 元/吨	2 600 元/吨	
2013 年 4 月		2 400 元/吨	锁定售价，比同期销售的企业多获利 205 元/吨

资料来源：瑞奇期货。

五、稻谷企业如何利用期货规避价格风险？

近几年来，稻谷市场价格主要在稻谷最低收购价政策所提价格之上 100～200 元/吨的区间内运行，与稻谷最低收购价每年提价预期相匹配。稻谷最低收购价每年提价，相当于给予市场一个免费看涨期权，政策的干预挤压了市场的预期，预测政策取代市场分析占据主流。然而，自 2012 年中晚籼稻上市以来，政策已非市场灵丹妙药的效果开始显现，面对市场价格逐渐偏离之前的预期，政策价可能与市场价脱节的风险显现。

仅以现货渠道，难以解决政策价与市场价脱节的风险，需要加入新的工具才能管理好这些风险。利用期货卖出套保，规避只能以市场价经营的稻谷的价格风险。

案例 7－4

利用期货管理价格风险

2013 年的早籼稻市场，现货价格一直在下跌。虽然 2013 年早籼稻最低收购价政策价为 2 640 元/吨，但是农户售粮价格达不到此水平，加工企业也不能接受这样的高价格。销区原粮倒流回产区，进口米继续冲击市场的行为虽有收敛，但市场经过上半年价格下挫，已经元气大伤，做库存的需求很低。

早籼稻价格低迷的势头得不到缓解，而对于陈粮库存，仍有进行避险的必要。企业通过在期货市场操作，卖出早籼稻期货 RI 1309 合约 230 手，规避了现货价格从 2 400 元/吨跌到 2 300 元/吨的风险。

六、稻谷企业如何利用期货进行购销活动？

稻谷企业利用期货市场进行购销活动，相当于把期货市场当作现货批发市场，在期货合约到期后，直接在期货市场交割，进行现货货权的转移及货款的回收。

假设某企业想在 2015 年的 1 月采购晚籼稻用于春节前的晚籼米加工业务，那么可以通过期货市场来进行采购。一是启动最低收购价，市场余粮不多；二是自行收购晚籼稻形成库存，产生损耗，增加仓储成本，尤其是资金利息较多，且周转不灵活，不利于企业的运转。通过期货市场的保证金交易，可以用较少资金提前锁定货源，并且不存在违约风险，可以保障企业在春节前的用粮需求。

案例 7－5

锁定货权，买入期货

A 粮油有限公司年加工大米 8 万吨，因其地理位置的优越性，该企业生产的大米基本销往广东地区。但由于销区米价波动较大，大米加工企业利润本就薄弱，如无法控制好原粮采购成本，利润将进一步摊薄。

为了降低采购成本，公司决定在晚籼稻期货市场试行部分采购。A 公司通过对期货交割质量标准分析，发现晚籼稻交割质量标准远高于现货一般收购，交割获得的晚籼稻完全能够满足企业小包装米的加工需求，于是在 2014 年 7 月 8 日集合竞价买入晚籼稻 1501 合约，数量为 200 手（4 000 吨），可以满足企业春节前的用粮需要。

七、企业该如何兑现稻谷期现货套利机会?

期现套利是指稻谷期货合约，当期货市场与现货市场在价格上出现差距，利用两个市场的价格差距，低买高卖而获利。理论上，期货价格是商品未来的价格，现货价格是商品目前的价格，按照经济学上的同一价格理论，两者间的价差应该等于该商品的持有成本。一旦价差与持有成本偏离较大，就出现了期现套利的机会。

稻谷期货市场上也会出现期现货价差过大或过小的情况。当期货价格远高于现货价格时，可以买现货、卖期货进行套利，也可以通过经验判断卖出期货，等待价差的回归。当期货价格远低于现货价格时，可以买期货、卖现货进行套利，或者单边买入期货，静待价差回归常值。

案例 7－6

期现套利

经过夏季收购的高峰期，从 2012 年 9 月开始，早籼稻从收购主导转向库存保值，这一时期，通常也是早籼稻期货价格阶段性最高的季节，期现货价差较大，是进行期现套利的好时期。2012 年的早籼稻市场，进入牛熊转换的时期，由于进口普通米的冲击，上半年的早籼稻市场已经表现出了明显不及往年强势的表现，持续的稻强米弱以及进口大米的低价涌入，已经给国内稻谷市场敲响警钟，高价位的稻谷价格恐怕很难维系。

在此背景下，期货市场出现了 2 800 元/吨的高价位，较现货高出 200 元/吨以上。A 公司着手考虑进行期现套利操作。通过库容及资金调配，A 公司决定在早籼稻期货 1301 合约上卖出 2 300 吨，持仓均价为 2 820 元/吨。至 9 月期货价格跌破 2 700 元/吨，达到公司预定平仓线。国庆长假前，以 2 660元/吨平仓 115 手，获利 165 元/吨，合计 189 750 元。至 10 月中旬，以2 650元/吨平掉剩余头寸，获利 175 元/吨，合计 201 250 元。全部平仓后，平均每吨获利 170 元，总利润为 391 000 元。与交割相比较，平仓获利更佳。现货则在现货市场进行销售。

八、种粮大户应怎样利用期货?

由于我国耕地面积不断减少，粮食种植面积扩大的空间已越来越小。粮食单产的提高来自粮食要素投入的增加、良种的使用、生产方法改进等，但众多兼业的小农户对此缺乏足够的热情，而规模化经营、专业化生产的种粮大户则不然，稻谷种植规模化发展是趋势。

稻谷种植可以分为双季稻种植和单季稻种植。由于种粮大户是职业农民，收入的主要来源就依靠稻谷，因此，稻谷的销售价格、稻谷的种植结构，就成为农户关心的重要问题，处理不当，可能会削减农户的收入。

农户利用期货，一是根据期货的价格发现功能，决定售粮的进度；二是根据期货价格及行情，确定是否进行卖出套期保值；三是根据期货的期限结构及其他要素，确定来年的稻谷种植结构。

案例 7－7

种粮大户巧用期货，把握售粮进度

江西某种粮大户 2010 年收获早籼稻 400 吨，较上年减少 15%。面对如此严重的减产，自然想通过高售价弥补减产损失，且先于早籼稻上市的小麦收购价格快速上涨也使得农民对早籼稻价格的上涨预期强烈。

然而早籼稻上市之后，价格平稳略涨，未能有效反映早籼稻减产带来的影响。种粮大户付某表示不理解，未减产的小麦价格尚能快速上涨，为何早籼稻价格反倒运行平稳。于是付某关注起近期的农业消息，得知今年小麦价格快速上涨，国家都暂停最低收购价的小麦收购了，而且今年早籼稻最低收购价预案未能启动，使得早籼稻市场的收购热情暂时受到压制。

付某根据自己多年的生产经验认为早籼稻收割延迟一周，会影响晚籼稻的生产。晚籼稻生产遭遇寒露风的几率大幅增加，晚籼稻减产的可能性非常大。但当前迫于晚籼稻栽插前农资准备需要资金，付某决定先以 1 940 元/吨价格卖出 1 500 吨早籼稻，满足生产的资金需求，等中晚籼稻上市时再卖出全部的早籼稻。

9 月中下旬南方籼稻主产区遭遇寒露风，中晚籼稻减产的预期强烈。早籼稻期货价格在国庆节后快速上涨，涨势出乎预料。之前已经对农业信息格外关注的付某通过电视知道了期货市场的情况，并知道期货有发现价格的功能，于是付某向当地的期货公司了解期货与现货之间的关系，并密切关注早籼稻期货价格的动向。

2010 年 10 月中旬以来，早籼稻期货价格受中晚籼稻减产预期的支撑及早籼稻减产的影响显现，早籼稻期货价格快速上涨。进入 11 月，中晚籼稻大量上市，在价格上涨的预期下，现货市场收购呈现抢粮局面，已经进入购销淡季的早籼稻价格也水涨船高。稻谷等农产品价格的快速上涨，引起了高层重视，2010 年，国务院出台了调控物价的“国十六条”。受制于政策调控的压力，11 月中下旬早籼稻期货价格冲高回落，现货价格也趋于稳定，付某遂决定以市场价 2 100 元/吨卖出全部的早籼稻。通过期货市场的价格发现功能，付某所属合作社的早籼稻每吨多卖了 260 元，合计多收入 390 000元。

利用期货价格发现功能，该合作社顺利地以高价卖出早籼稻。稻谷专业合作社不仅解决了农民粮食销售难问题，还利用期货价格发现功能为售粮农民提供指导，增加农民售粮收入，壮大了合作社的实力，取得了良好的经济效益。

九、稻谷仓储企业是否可以参与期货市场对冲？

无论什么性质的粮食仓储企业，除了要保证储粮安全外，储粮的动态管理是一项挑战性业务。利用稻谷期货市场的价格发现机制与期货保值机制，进行粮食收购决策，冲抵粮食储备的轮换风险，可以很好地解决长期以来储备粮经营单位备受困扰的轮换风险问题。随着稻谷期货诞生，稻谷储备企业可借助期货市场这个平台实现稻谷库存轮换模式的创新。

具体来说，如果企业将于未来几个月将稻谷进行轮换处理，就可以通过期货市场卖出近月合约，买进远月合约以实现轮换风险的控制。只要远月合约相对于近月合约贴水或认为远月合约升水处于合理水平时，就可以操作。

案例 7-8

仓储企业锁定利润——卖期保值

稻谷季产年销的特点以及粮食储备的现状，决定了稻谷的上市时期也是稻谷大量收购的时期，收购企业往往会形成比较大的库存。为了避免收储企业库存期稻谷价格下跌的风险，可以选择在期货市场卖出套期保值。

南方某粮食仓储企业，早籼稻是其主要库存品种。由于2009年全国大规模的粮食清仓查库工作，该库的20 000吨早籼稻没有办法按照原计划于5月在现货市场出售，只能推迟到7、8月集中销售。5月早籼稻现货价格为1 880元/吨，企业担心早籼稻价格因新稻7、8月大量上市，造成供给短期内大量增加，使得价格回落。当时早籼稻期货0909合约价格在2 040元/吨左右。根据对期货、现货市场的分析，该企业果断决定在期货市场卖出2 000手9月合约套期保值，锁定经营利润。到8月初，该企业以1 800元/吨价格将现货全部处理完毕，同时在期货市场以1 960元/吨平掉空头头寸。该企业通过早籼稻期货套期保值，成功地规避了现货价格下跌造成企业经营利润下降的风险，同时为新年度早籼稻收购腾出了足够的库容，期货市场为企业生产经营的连续性和稳定性提供了有效的金融支持（见表7－3）。

表7－3 卖期保值效果分析

	现货市场	期货市场
5月12日	早籼稻价格为1 880元/吨	卖出2 000手9月合约，价格为2 040元/吨
8月12日	以1 800元/吨的价格卖出20 000吨早籼稻	以1 960元/吨的均价平掉早籼稻9月合约空头持仓
套保结果	现货亏损160万元	期货平仓获利1 000手×20吨/手×80元/吨＝160万元

现货价格与期货价格均下跌，现货价格的下降幅度刚好和期货市场的价格下降幅度相等，从而使得企业在现货市场的亏损刚好可以用期货市场的盈利弥补。当然套期保值并不一定就是期现市场的盈亏刚好互补，也可能存在现货价格的下降幅度小于期货价格，那么此时企业套期保值的综合效果是盈利的；反之，现货价格下降幅度大于期货价格，那么期现市场总体来说是亏损的，不过相比现货单方面的亏损，此时的亏损因期货市场盈利可以部分弥补。

案例7－9

仓储企业借力期货市场，轮换有超额收益

南方某粮食仓储企业，以早籼稻为主要库存，计划3个月后的7月开始轮换，轮出为7月，轮入为9月。由于早籼稻期货合约标的物质量要求与国家标准一致，该粮食仓储企业持有的期货合约均可选择实物交割或对冲了结。假定，7月早籼稻合约价为1 980元/吨，9月合约价为2 005元/吨，远期升水25元/吨。该粮食仓储企业经市场分析认为按7月早籼稻合约价1 980元/吨轮出合适，远月升水亦在可接受的范围，遂在期货市场卖出7月期货，同时买进9月期货，该粮食仓储企业通过期货交易同时卖出和买进相对于需要轮出数量的7月和轮进的9月早籼稻期货合约。到7月中旬，7月

期货合约选择实物交割，锁定了轮出价格，9月的期货合约则选择对冲了结。到8月，假定9月合约价格为2 020元/吨，该粮食仓储企业认为早籼稻现货市场形势明朗，逐将9月合约多头平仓，同时在现货市场上敲定直接收购或委托收购价格，入库成本为2 000元/吨。结果，该企业在早籼稻现货市场上轮出价格低于轮入价格，产生了20元/吨的损失，但借助期货市场操作有15元/吨利润补偿，实际损失5元/吨，完全在轮换费用范围之内。在实际期货操作过程中，是否选择交割或对冲，还可根据期货的流动性和早籼稻注册仓单构成来决定。

十、稻谷贸易流通企业规避价格风险时，应该如何利用期货市场？

贸易商在现货市场赚钱有两种情况：第一种，当对稻谷的行情看涨时，先大量买进，待价格上涨后卖出；第二种，当认为稻谷的行情会下跌时，先从别人那里借来货物在市场上抛售，待价格下跌后再用低价买回货物还给别人。这样的先买后卖和先卖后买的两种交易行为，如果在期货市场实施，我们称为双向交易。

如果现货市场的参与者都认为将来稻谷行情在短时期内会大幅度上涨的话，那么现货市场就会连续几天出现有价无市的现象，几天后贸易商才能以较高的价格买到足够的货物。而期货市场不同，由于有众多的投机者参与，市场的流动性很好，相对现货市场，每天都大量成交，贸易商能及时地以合理的成交价格买到货物，这对于企业生产经营有很大的益处。

粮食贸易流通企业在价格波动方面有双重风险。第一种就是在没有稻谷库存或库存较低时和下游企业签订了销售合同；第二种就是稻谷收购过多或库存较高，还没有和下游企业签订销售合同。

第一种风险面临着价格暴涨的风险，第二种风险面临着价格下跌的风险。企业一旦碰到这些风险情况，将出现巨额亏损的可能。

案例 7 - 10

利用期货市场，管理价格波动风险

某贸易流通企业在日常经营中，利用现货与期货价格的变动，经过成本利润测算，进行套期保值，锁定利润。这家公司现货有买有卖，套保方式灵活多变，该公司先在一个合约持有买单，又在另一个合约持有卖单，同时进行保值。比如在早籼稻 0909 合约上以 2 052 元/吨进行卖出保值，还在早籼稻 1001 合约期价跌破 2 000 元/吨时持有买入保值。

公司还可利用交割管理库存，公司从农户手中收购早籼稻后，将其中暂时未卖的一部分早籼稻注册成仓单进行交割，将库存转移给期货市场，由期货市场承担仓储费及资金利息，随后在后续交割月份陆续买回，节约了部分费用。期货完全可以作为现货经营的一个工具，为现货服务。如果价格不涨，买回很合适，节约了费用；如果价格上涨，与现货价格的涨幅相同，买回也合适，保证了供应。

十一、做稻谷期货套期保值有没有风险？

“套期保值”一词来自英文词汇“hedge”，有“篱笆”、“栅栏”之意，在期货市场运用实际上是保值性期货买卖。套期保值是期货重要功能——规避风险得以实现的手段。

粮食企业进行套期保值的目的不在于追求超预期的盈利，而是要和现货经营结合起来，规避现货经营中的价格波动风险、锁定利润或控制成本。套期保值交易并不是一定能提高盈利，认为进行规避风险的期货操作没有风险也是不实际的。

进行套期保值操作也是有风险的，主要来自以下几个方面：

第一，由于到期期货合约与现货走势的背离，基差出现不利的变化，使套期保值业务出现亏损。

第二，由于期货临近交割时，保证金比例会逐渐上调，那么套期保值的资金供应要有保证，否则，期货的头寸难以保证。

第三，期货的流动性出现问题，使到期合约的平仓难以实现。

第四，对于卖出套期保值，在有利交割的情况下，交割环节出问题也会带来潜在的风险。如准备的实物达不到合约要求的质量标准、增值税发票未能及时开出等。

第五，按交易所的交易规则，在出现极端状况（连续涨跌停板）下，需要进行强行平仓时，投资者的套期保值头寸也会受到限制，导致现货的风险敞口扩大，当然这种概率在早籼稻期货中极小。

除第五种属企业无法预知的情况外，其他四种情况都是企业自身能够化解的风险。最重要的是，不要在行情对自身有利的时候做成投机，不利的时候做成套期保值，把套期保值和投机混合了。

小贴士

敞　口

公司在经营中所面临的风险被称为敞口，这些风险通常包括利率风险、汇率风险、商业周期风险、通货膨胀风险、商品价格风险及行业风险等。公司风险管理是企业评估所面临的各种来源的风险并通过运用金融衍生工具、保险合约以及其他活动来管理上述有关风险。期货合约是在交易所场内交易的金融衍生工具，企业可以充分利用期货市场来对冲和管理自己所面临的风险。

专家提示

持仓限制

为了防止某些大户恶意操纵早籼稻期货价格，交易所对持有早籼稻期货合约的会员和客户在不同的时间段都有限制措施。套期保值企业客户注意及时向交易所申报套期保值额度，申报了套期保值额度的持仓不受持仓限制，以防持仓超过限制被交易所强行平仓，造成损失。

十二、对一般投资者来说，稻谷期货有哪些机会？

期货投机交易分为两种：价差投机和套利交易。

所谓价差投机是指投机者通过对价格的预期，在认为某期货合约价格上升时买进、价格下跌时卖出，然后待有利时机再卖出或买进原期货合约，以获取利润的活动。进行价差投机的关键在于对期货市场价格变动趋势的分析预测是否准确。由于影响期货市场价格变动的因素很多，特别是投机心理等偶然性因素难以预测，因此，正确判断难度较大，所以这种投机的风险较大。

套利交易是期货投机交易中的一种特殊方式，它利用期货市场中不同月份、不同市场、不同商品之间的相对价格差，同时买入和卖出不同种类的期货合约来获取利润。正如一种商品的现货价格与期货价格经常存在差异，同种商品不同交割月份的合约价格变动也存在差异；同种商品在不同的期货交易所的价格变动也存在差异。这些价格差异的存在，使期货市场的套利交易成为可能。

具体的操作形式有以下几种：

（1）看涨买进：投资者对未来一段时间某一月份合约的价格预计比现在的该合约价格出现上涨，然后买进的交易行为。

（2）看跌卖出：与看涨买进相反，投资者对未来一段时间某一月份合约的价格预计比现在的该合约价格出现下跌，然后卖出的交易行为。

（3）期现套利。

（4）跨品种套利。

（5）跨期套利。

（6）跨市场套利。

下面介绍投资者甲看涨买进和投资者乙看跌卖出的例子，有关套利的例子请查看第八章。

案例 7－11

判断单边行情，也有投资机会

8 月 24 日，早籼稻 2010 年 5 月合约价格从前一交易日的 2 110 元/吨上涨到 2 140 元/吨，投资者甲认为该合约价格将继续上涨，于是以 2 140 元/吨的价格买入 10 手。8 月 31 日，5 月合约价格果然上涨至 2 160 元/吨，投资者甲把 10 手该合约卖出平仓，总共赢利（2 160－2 140）元/吨×10 手×20 吨/手＝4 000 元。

同是 8 月 24 日这一天，投资者乙认为早籼稻 5 月合约价格 2 140 元/吨比现货价格 1 840 元/吨高出太多，到 2010 年 5 月肯定在 2 140 元/吨以下，于是以 2 140 元/吨的价格卖出 10 手。9 月 30 日，5 月合约价格大幅下跌至 2 050 元/吨，投资者乙把该合约买进平仓，总共获利（2 140－2 050）元/吨×10 手×20 吨/手＝18 000 元。

自测题

一、填空题

1. 早籼稻期货交易最小交易单位是（　　）手，而每一手期货合约的单位是（　　）吨，假设当前早籼稻期货价格为 2 000 元/吨，那么 1 手早籼稻期货合约价值为（　　）元。

2. 早籼稻期货价格（　　），具有（　　），相关企业能利用早籼稻期货了解未来市场信息，做出有利于自己生产经营的决策。

3. 价差投机是指投机者通过对价格的预期，在认为价格上升时买进、价格下跌时卖出，然后待有利时机再（　　）或（　　）原期货合约，以获取利润的活动。

二、不定项选择题

1. 稻谷期货价格与现货价格之间存在（　　）。

A. 一致性　　B. 关联性

C. 差异性　　D. 不相关

2. 粮食企业可以利用期货市场的（　　）功能为企业服务。

A. 跟踪价格　　B. 价差投机

C. 套期保值　　D. 操纵价格

3. 对于普通投资者来说，通过（　　）方式来参与稻谷期货。

A. 价差投机　　B. 套利交易

C. 套期保值　　D. 操纵价格

4. 9 月 3 日，早籼稻 2015 年 1 月份合约（即 RI1501）价格为 2 350 元/吨左右，某投资者以 2 350 元/吨的价格买入 10 手。9 月 5 日，RI501 合约价格下跌到 22 元/吨，该投资者把 10 手该合约卖出平仓，该投资者的收益情况是（　　）。

A. 获利 4 400 元　　B. 亏损 4 400 元

C. 获利 2 200 元　　D. 亏损 2 200 元

三、判断题

1. 持仓费是指为拥有或保留某种商品、资产等而支付的仓储费、保险费和利息等费用总和。（　　）

2. 粮食企业进行套期保值、规避现货经营中的价格波动风险的目的在于追求超预期的盈利。（　　）

3. 套利交易是指投机者通过对价格的预期，在认为价格上升时买进、价格下跌时卖出，然后待有利时机再卖出或买进原期货合约，以获取利润的活动。（　　）

参考答案

一、填空题

1. 1　　20　　40 000
2. 能反映未来的价格情况而且公开透明　　权威性
3. 卖出　　买进

二、不定项选择题

1. A　　2. ABC　　3. AB　　4. B

三、判断题

1. √　　2. ×　　3. ×

第八章

怎样参与稻谷期货市场

本章要点

结合稻谷期货的特点向读者简单地介绍投资者如何参与稻谷期货，了解实际情况。

一、投资稻谷期货有资金门槛要求吗？

投资稻谷期货的门槛不高，只需要准备好能交易稻谷期货的最小单位的资金。

以早籼稻期货为例，早籼稻期货交易最小交易单位是1手，而每一手期货合约的单位是20，我们假设当前早籼稻期货价格为2 000元/吨，那么1手早籼稻期货合约价值为40 000元（=20×2 000）。我们又假设交易保证金收取比例为8%，那么一手的保证金为3 200元（=40 000×8%），所以，理论上早籼稻期货交易的最低门槛是3 200元。但考虑到期货特点，进行期货投资，将资金100%用足并非明智之举，所以专家一般建议投资者在资金的使用上留有余地。

小贴士

保证金制度

保证金制度是指在期货交易中，投资者必须按照其所买卖期货合约价值的一定比例（通常为5%～15%）缴纳资金，作为履行期货合约的财力担保，便可进行全额交易的制度。

例：早籼稻期货1501价格为2 200元/吨，假设保证金比例为8%，则交易10手早籼稻所需的资金为：

2 200×20×10×8% =35 200（元）

二、投资稻谷期货要什么手续？

投资稻谷期货和投资其他品种期货一样，都需要到一家期货公司办理开户手续。期货公司的选择，应考虑具备合法代理资格、信誉好、资金安全、运作规范和收费比较合理等条件的期货公司会员。个人投资者须携带个人身份证和银行账户卡，法人投资者须提供法人代表身份证及营业执照（副本）、组织机构代码证、税务登记证，到期货公司现场开户和开通银期转账业务。开户手续完成后，投资者就可以把资金转入期货账户开始交易了。

小贴士

期货交易流程

一个完整的期货交易流程应包括开户、下单、竞价、结算和交割四个环节。由于能够直接进入期货交易所进行交易的只能是期货交易所的会员，所以，普通投资者在进入期货市场交易之前，应首先选择一个具备合法代理资格、信誉好、资金安全、运作规范和收费比较合理等条件的期货公司会员。客户在按规定足额缴纳开户保证金后，即可开始交易，进行委托下单。下单是指客户在每笔交易前向期货公司业务人员下达交易指令，说明拟买卖合约的种类、数量、价格等行为。交易指令的内容一般包括期货交易的品种、交易方向、数量、月份、价格、日期及时间、期货交易所名称、客户名称、客户编码和账户、期货公司和客户签名等。计算机撮合成交是根据公开喊价的原理设计而成的一种计算机自动化交易方式，是指期货交易所的计算机交易系统对交易双方的交易指令进行配对的过程。这种交易方式相对公开喊价方式来说，具有准确、连续等特点，但有时会出现交易系统故障等因素造成的风险。结算是指根据期货交易所公布的结算价格对交易双方的交易盈亏状况进行的资金清算和划转。

三、分析稻谷期货价格未来走势有哪些方法？

期货价格走势的分析方法主要有基本面分析法和技术分析法。

投资者要开展稻谷期货研究，主要课题是供求关系的研究。凡是对稻谷市场供应和消费产生影响的因素，对价格均有作用。对于基本面的研究，尤其要注意农业政策、产业政策、进出口政策的影响，还有天气影响。上述因素是稻谷市场对价格影响最为活跃的因素。尽管基本面研究与技术分析在逻辑上是相互排斥的，但真正要做期货，往往发现完全抛弃一方是很难的。所以，要坚持基本面与技术面相结合，同时注意吸收行为金融理论与混沌理论的研究成果，不否定技术分析、投资者心理（行为）等分析方法的重要性。要克服一些简单浮躁（沉溺于趋势线的支撑、阻力或是陷入波浪理论的冗长诡辩中）的研究风格，对基本面、技术面等加以综合分析，尤其要注意运用基本面分析的方法，对大势有一个深刻、全面的把握。

小贴士

稻谷期货操作和股市操作有何不同?

期货交易的标的是具体某一商品的合约。合约的价格会随着市场波动上涨和下跌。而股票交易的则是上市公司发行的股票，股票的交易价格随着业绩等因素波动。

期货交易采用T+0的交易机制，一天之内可以多次成交。股票交易采用T+1交易机制，当天买入，次日卖出。

期货可以做空，可以做多，双向交易，投资者做空、做多均可以获利或亏损。股票目前只可以先买入后卖出。

期货没有过户费、印花税等交易费用，期货公司按每一笔成交的单子收取既定的交易费用。而股票的交易费用有佣金、印花税、过户费等。

此外，期货采用保证金交易的模式进行交易，即杠杆交易，而股票没有杠杆，投资者必须全额购买股票。

四、稻谷期货价格比现货高不少，是在期货上卖出的机会吗?

稻谷期货价格并不是对目前市场供求关系的反映，而是综合现在的信息及预期各种因素可能带来的影响，对未来的稻谷价格的一种判断。如果在稻谷生长期间发生了较大旱灾，有可能出现较大规模的减产，或是预期货币将会贬值，那么，未来一段时间稻谷供应量减少，加上流动性充足的货币因素预期作用，远期价格就会出现上涨，期货价格高于当前现货价格就非常正常。但是，如果预期在后期没有得到实现，那么期货价格将会向现货价格靠近。所以期货价格高于现货价格是不是卖出机会，还要对期货价格高于现货价格的原因进行分析。

前面第 7 章案例就有早籼稻期货市场对未来可能减产的预期在收获时未得到验证，后期期货价格大幅下跌的情况。当然，若影响期货价格变动的因素得到市场的验证，那么期货市场率先上涨将引起现货市场共鸣，此时卖出早籼稻期货就非合适时机。

案例 8 -1

期货领先反映供应变化，价高并非绝对卖出机会

2010 年国庆长假后，早籼稻期货在多种因素作用下爆发性上涨，期现价差扩大，一般早籼稻期现价差保持在 200 ~ 250 元/吨。然而节后早籼稻期现价差不断扩大，从 300 元/吨扩大至 400 元/吨，再接近 500 元/吨。最初市场一般认为早籼稻现货价格是相对平稳的，因其步入 10 月的购销平淡期一般价格难有大的变化。然而，由于通胀预期的抬头及中晚籼稻可能减产等因素的共同作用，早籼稻期货 1 月合约价格拔地而起，早籼稻现货价格滞后上涨。在此轮涨势中，若最初在期现价差扩大至 300 元/吨即卖出早籼稻期货，那么投资者将面临现货跟涨带来的亏损。

五、为什么有时候稻谷现货价格很平静，期货价格却波动很大？

稻谷现货价格反映的是当前供求关系，如果当前供求平衡的话，现货价格就会相对平静，变化不大。而稻谷期货反映的是未来一段时间的价格，其变化会受到政策、汇率、季节性等影响，尤其是未来天气变化的影响，还有期货的金融属性和杠杆作用带来的投机氛围，使得稻谷期货价格波动更大。

六、看涨稻谷价格，但远期合约价格比现货价高很多，能买吗？

从这个问题来看，投资者是一个基本面分析者，根据市场的各种信息分析得出稻谷远期价格将要上涨，决定要买进远期合约。而现在期货的远期合约价格比现货高很多，这时市场的大多数投资者的分析相同，所以买进的人多了，期货价格自然比现在高。

举个例子，说明这个问题：

2009 年 10 月 9 日，主要产区的早籼稻现货价格稳定在 1 820 元/吨，早籼稻 1005 合约价格为 2 048 元/吨。一种情况是投资者认为 2010 年 5 月之前早籼稻现货价格肯定能超过 2 048 元/吨，那么可以适量买进。另一种情况是虽然投资者判断现货价格会有上涨的可能性，但认为在 2010 年 5 月之前不能达到 2 048 元/吨的价格，那么就没有必要买进了。

七、投资稻谷期货，如何计算初始保证金占用、手续费和盈亏？

保证金比例和手续费的收取，各个期货公司有所差异。以早籼稻为例，假定早籼稻期货 1501 合约价格为 2 200 元/吨，如果买入成交 10 手，以 8% 的比例收取保证金和每手 5 元收取手续费计算，那么投资者要缴纳的保证金为：$2\ 200 \times 20 \times 10 \times 8\% = 35\ 200$ 元，手续费为 $5 \times 10 = 50$ 元。

如果早籼稻 1501 合约价格上涨 50 元/吨，则出现浮动盈利：$50 \times 20 \times 10 = 10\ 000$ 元。

如果早籼稻 1501 合约价格下跌 50 元/吨，则出现浮动亏损：-50×20

×10 = -10 000 元。

八、交易过程中，昨天账户还有钱，为何今天被通知加保证金?

这是期货和股票交易的不同点。股票交易过程中，我们买了股票，证券公司收取了全额保证金，股票的涨跌不影响其资金余额的变动。而期货交易不同，期货公司只收取了交易金额的部分保证金，稻谷期货价格的涨跌对账户资金余额会产生变化，如果可用资金成为负数，则期货公司就会通知你追加保证金。下面看个案例（为方便计算，未考虑手续费）。

案例 8 -2

每日无负债结算

某个投资者看好早籼稻价格，于 2014 年 11 月 4 日买入 2015 年 1 月到期的早籼稻期货合约 10 手，价格为 2 310 元/吨，该投资者账户上资金为 40 000 元。

2014 年 11 月 4 日结算价为 2 305 元，当日结算后亏损：(2 305 -2 310) 元/吨 ×20 吨/手 ×10 手 = -1 000 元，履约保证金：2 305 元/吨 ×20 吨/手 ×10 手 ×8% =36 880 元，当日权益（也可以称保证金余额）为 40 000 元 -1 000 元 =39 000 元，可用资金为 39 000 元 -36 880 元 =2 120 元。

2014 年 11 月 5 日收盘价为 2 265 元/吨，结算价为 2 277 元，当日亏损 (2 277 -2 305) ×20 吨/手×10 手 = -5 600 元，履约保证金为 2 277 ×20 吨/手 ×10 手 ×8% =36 432 元，当日权益为 39 000 -5 600 =33 400 元，可用资金为 33 400 -36 432 = -3 032 元。

可用资金为负数，期货公司就要向客户发出追加保证金的通知，如果不能及时追加资金，就要主动减仓或由期货公司强行平仓。

小贴士

每日结算无负债制度

每日结算制度是指期货经纪公司每日对投资者账户进行清算，划拨盈利或亏损和手续费，计算客户账户保证金余额、履约保证金、可用保证金等。由于期货交易使用保证金交易，投资者只需要交合约价值10%左右的资金就可以进行期货交易，放大了收益和风险，所以期货公司必须进行每日结算，以保证投资者账户上至少有合约价值10%的资金，以确保履行合约或承担价格波动风险。那么以什么标准来衡量投资者今日的盈亏状况呢？期货市场以结算价来衡量投资者当日的盈亏，并计算履约保证金。而结算价不同于收盘价，结算价是当日以成交量为权重的加权平均价，相当于当日的平均价。

专家建议：由于期货交易存在较大的杠杆作用，期货市场制定了相关的风险控制制度，投资者在总资金中应留有部分资金抵御短时间内朝自己买卖方向不利的风险。建议是使用保证金不超过总资金的1/2。

九、做稻谷期货投资和做现货交易有什么区别？

参与稻谷期货交易其实与现货交易一样，也可以理解为商品贸易，只是贸易的形式有所不同。首先，稻谷期货交易的对象是未来某个时间的稻谷，它可能还没有被生产出来，所以买卖（期货交易）是以电子化合同的形式，不涉及现货。当投资者买入或卖出稻谷期货后，在合约到期的这段时间里（交易对象为未来某个时间的早籼稻，随着时间推移，合约会到期），投资者可以选择卖出或买入对冲平仓，也可以一直持有，等到合约到期，进行现货交割，即买入方到期货交易所接收早籼稻现货，并付全款；卖出方准备稻谷现货交割至期货交易所，接收全款。

其次，传统的贸易行为应该是先有货才能卖出货物，作为稻谷现货交易来说，一般现货商有稻谷现货，才会在市场上卖货。而期货交易由于交易的是期货交易所提供的标准化合同，在到期之前并不涉及现货，所以可以先卖出期货（即和买方签订合同），待价格下跌，在期货市场上再买入合同来进行对冲了结，同样可以达到获利的目的。

最后，期货交易使用保证金交易，也就是说买卖期货合约只需要交合约价格10%左右的保证金，来保证能履行合约或承担价格波动的风险。随着合约的交割期越来越近，也就是合约到期，保证金会逐步提高，这样以确保想参与交割的投资者能顺利交割。

案例 8－3

2009年7月，某现货商有早籼稻现货100吨，为规避现货价格下跌风险，选择卖出2010年1月到期交割的早籼稻期货合约，价格为2 100元/吨。其后价格最高达到2 150元/吨，至10月下旬价格为2 000元/吨。

卖出期货合约的最低保证金要求：2 100元/吨×20吨/手×10手×10%＝42 000元

A：如果该现货商准备期货保证金5 000元，那么当价格涨至2 150元/吨的时候，该投资者浮动亏损：50元/吨×20吨/手×10手＝10 000元，这时候账户上可用保证金只有50 000－10 000＝40 000元，而所需要的最低保证金为：2 150元/吨×20吨/手×10手×10%＝43 000元。即出现了保证金不足的情况，面临被期货公司强行平仓的风险。而一旦被期货公司强行平仓或部分平仓，就有可能失去后期价格下跌至2 000元/吨所带来的利润。

B：如果该现货商准备期货保证金80 000元，当价格涨至2 150元/吨的时候，该投资者浮动亏损：50元/吨×20吨/手×10手＝10 000元，这时账户上可用保证金为：80 000－10 000＝70 000元，而所需要的最低保证金为：2 150元/吨×20吨/手×10手×10%＝43 000元。仍有27 000元的可用保证金，持仓没有任何风险。随后价格一路下跌至2 000元/吨，期货持仓给投资者带来了100元/吨的利润，如果选择平仓对冲，总利润为：（2 100元/

吨－2 000 元/吨）×20 吨/手×10 手＝20 000 元。

专家提示

资金管理的主要法则

（1）期货交易采用的是保证金制度，投资者可以进行 10 倍的杠杆交易，如果不严格控制资金投入比例，那么期货市场任何一次小小的波动，都可能决定投资者的生死存亡。所以，当投资者根据自己的评估进行交易时，交易累计投资额应该限制在资本的 50% 以内。

（2）每次交易的风险收益比，即投资所承受的风险额度与潜在收益的比值应该在 1∶3 以上。

（3）所有的交易都要事先设定止损止盈计划。

十、市场心理因素会如何影响稻谷期货的价格波动？

期货市场中稻谷价格的波动，往往会由于心理因素的正反馈机制而得到强化。

对稻谷期货价格看涨时，投机者会迅速买进合约，以期价格上升时抛出获利，而大量投机性的抢购，又会促进期货价格进一步上升，价格的上涨会吸引更多的投机者买入合约；反之，当价格看跌时，投机者会迅速卖空，当价格下降时再补进平仓获利，大量投机性的抛售，又会促使期货价格进一步下跌，价格的下跌会吸引更多的投机者卖空合约，市场的心理因素会导致稻谷期货价格的波动更加剧烈。所以，稻谷期货价格可能会在某些时段较大幅度地高于或者低于现货价格。

当稻谷市场行情上涨或下跌的速度加快时，还没有参与其中的投资者也会急于加入，这种情况属于我们常说的市场“羊群效应”，市场将出现剧烈波动，这常常出现在牛市或熊市末尾阶段。

十一、稻谷期货合约快到期时，投资者持有的期货合约怎么办？

期货投资者分个人投资者和法人投资者，个人投资者依据交易规则不被允许进入交割月份，并且在交割月份个人投资者不能开新仓；而法人投资者可持仓至最后交易日，如最后交易日结束时其持有的合约还未平仓，则进入交割程序。在临近交割月时，投资者就应关注自己的持仓，如无交割意愿，不建议进入持有交割月合约，因为此时交割月合约流动性大大降低，进出市场都不再那么便捷，投资者可能因为无法顺利退出交割月合约而蒙受损失。

案例 8－4

熟悉规则，避免个人头寸带入交割月份的风险

2010年10月25日，某个人投资者仍持有着早籼稻期货11月合约多头头寸50手，因农产品主力合约1、5、9月轮换，11月合约本身成交并不活跃，而临近交割月流动性更趋地量，22日的11月合约双边成交量只有282手，此时客户若平仓早籼稻，将引起11月合约价格振动。果然随后几个交易日11月合约大幅下挫，投资者平仓所获利润大大减少。但若不平仓，进入交割月则交易所强制平仓，投资者面临的亏损可能更大，所以早籼稻个人投资者需关注早籼稻规则，不要因此造成无谓的损失。

十二、稻谷期货的相关资讯有哪些专业网站?

(1) 中华粮网: http://www.cngrain.com;

(2) 中国谷物网: http://www.ex-grain.cn;

(3) 中国种植业信息网: http://zzys.agri.gov.cn/;

(4) 中国兴农网: http://www.cnan.gov.cn/;

(5) 中国粮油信息网: http://www.chinagrain.cn;

(6) 食品商务网: http://www.21food.cn;

(7) 中国农业部: http://www.agri.gov.cn/;

(8) 国家粮食局: http://www.chinagrain.gov.cn;

(9) 湖南省粮食局: http://www.hunangrain.gov.cn/;

(10) 江西省粮食局: http://www.jxgrain.gov.cn/稻谷收购价格监测周报;

(11) 稻谷在线: http://www.riceonline.com/home.shtml/国际大米报价资讯、国际大米市场报告等;

(12) 联合国粮农组织统计数据库: http://faostat.fao.org/default.aspx? lang=zh-CN;

(13) 美国农业部: http://www.usda.gov/wps/portal/usda/usdahome/月度供需预测报告、种植意向报告、周度出口销售报告、季末库存报告、作物生长进度报告等。

自测题

一、填空题

1. 稻谷期货远月合约价格并不是对（　　）市场供求关系的反映，而是综合现在的信息，对（　　）的早籼稻价格的一种判断。

2. 期货价格走势的分析方法主要有（　　）和（　　）。

3. 交易指令的内容一般包括：期货交易的（　　）、（　　）、（　　）、（　　）、（　　）、日期及时间、期货交易所名称、客户名称、客户编码和账户、期货公司和客户签名等。

4. 投资稻谷期货和投资其他品种期货一样，都需要到一家期货公司去办理开户手续。个人投资者须携带（　　）和（　　），法人投资者须提供（　　）和（　　）、组织机构代码证、税务登记证，到期货公司现场开户和开通（　　）业务。开户手续完成后，投资者就可以把资金转入期货账户开始交易了。

5. 股票交易采用 T+1 交易机制，稻谷期货采用（　　）交易制度。

二、计算题

1. RI1501 价格为 2 300 元/吨，假设保证金比例为 10%，则交易 8 手早籼稻（20 吨/手）所需的资金为多少？

2. 某投资者账户资金总额为 8 万元。他认为早籼稻期货 1505 价格将会大幅上涨，于是以 2 300 元/吨的价格买进 20 手。期货公司按合约价值 10% 的比例收取保证金，在不考虑手续费的情况下，请问在 RI1505 价格下跌到什么价位，期货公司将会通知投资者追加保证金？

参考答案

一、填空题

1. 当前　　未来一段时间
2. 基本面分析　技术面分析
3. 品种、交易方向、数量、月份、价格
4. 个人身份证　银行账户卡　法人代表身份证　营业执照（副本）银期转账
5. T+0

二、计算题

1. 36 800 元　　2. 2 130 元/吨

第九章

稻谷期货套利交易

本章要点

主要介绍期现套利、跨品种套利和跨期套利原理及方法，通过多个案例来说明这些套利的操作。

一、怎么理解期货价格与现货价格之间的关联？

由于期货市场是在现货市场的基础上发展起来的，因此期货价格与现货价格之间有着密切的联系。现货价格是期货价格变动的基础，而期货价格通过交易者对未来价格的预期作用来调节和引导现货价格，实物交割使期货价格最终能够复归于现货价格。

期货价格是由众多的交易者在交易所内通过集中竞价形成的，市场参与者的报价充分体现了他们对今后一段时间内该商品在供需方面可能产生变化的预期，在这种价格预期下形成的期货价格，能够较为全面、真实地反映整个市场的价格预期，具有预期性和权威性。与期货价格构成因素不同，现货价格主要由生产成本、流通费用、利润和税金四部分构成。其中利润和税金称为盈利，流通费用包括运杂费、包装费、保管费、损耗金额、经营管理费、利息金额等项目。与期货价格相比，现货价格具有自由化、短期化、分散化和风险化的特点，不利于市场供求的长期稳定，极易受到外部因素的冲击和影响。

从理论上讲，在成熟的市场，其期货价格与现货价格之间具有同升同降和收敛一致的特点。主要原因是影响现货市场的因素同样影响期货市场，所以当现货价格上升，期货价格也上升；现货价格下降，期货价格也下降。二者变动幅度可能不同，但大多数情况下变动方向是相同的。而且，随着交割月份的日益临近，期货合约持仓费用随之逐步下降，现货价格与期货价格之间的价差日益缩小，二者必将收敛一致。在实际生活中，由于各种原因，它们之间可能会有偏差。

我国学者研究认为，从期货价格到现货价格具有单向因果关系，即期货价格先于现货价格变动，现货价格的变动滞后于期货价格，也就是说期货价格引导现货价格，现货价格对期货价格不具有引导作用，表明期货市场在发现价格中起主要作用。

二、基差是怎么回事?

期货价格和现货价格有关联性，但期货价格和现货价格也有区别。我们把商品现货与期货价格之差称为基差。

当基差 <0 时，我们称之为正向市场或正常市场，而当基差 >0 时，则称之为反向市场或逆转市场。一般来说，基差（绝对值）由持有成本（或持仓费）构成，即指为拥有或保留某种仓单或头寸而支付的仓储费、保险费和利息等费用。即：

期货商品的价格＝现货商品价格＋持仓费

2009 年早籼稻保持负基差（现货价格－期货价格）（见图 9－1）。

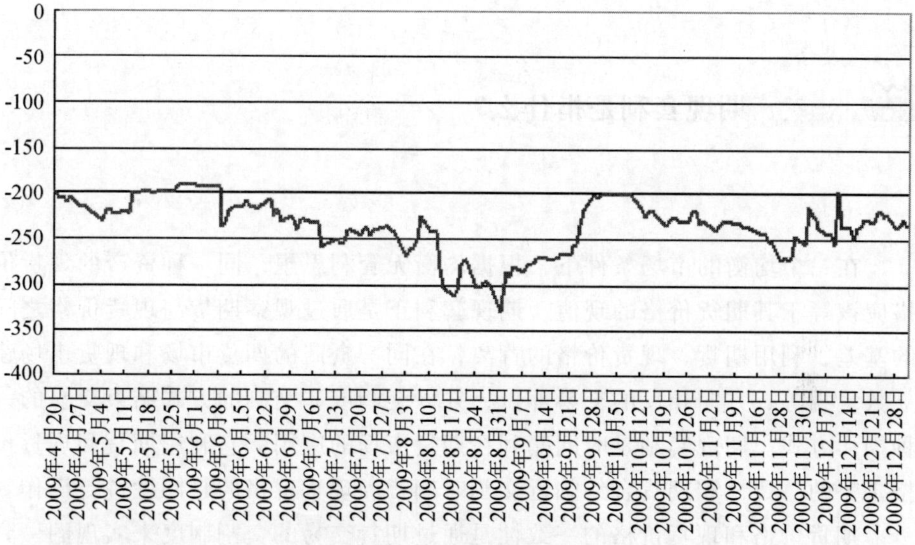

图 9－1　早籼稻基差

资料来源：文华财经，瑞奇期货。

小贴士

升　贴　水

在正向市场中，期货价格高于现货价格，称为期货升水或现货贴水。在反向市场中，期货价格低于现货价格，称为现货升水或期货贴水。

案例 9－1

2009 年 10 月 15 日，早籼稻现货收购价为 1 800 元/吨，当日早籼稻期货主力合约收盘价为 2 011 元/吨，基差为 －211 元/吨，期货较现货升水 211 元/

吨，或者是现货较期货贴水211元/吨。2009年12月15日，早籼稻现货价为1 900元/吨，早籼稻期货主力合约收盘价为2 143元/吨，基差为－243元/吨，期货较现货升水243元/吨，或者现货较期货贴水243元/吨。

三、期现套利是指什么？

在一个均衡的市场条件下，根据均衡无套利思想，同一种资产的现货价格应该等于其期货价格的现值。期现套利正是通过观察期货与现货价格之间的基差，利用期货、现货价格的背离，在同一资产的期货市场和现货市场建立数量相等、方向相反的交易部位，并以交割或非交割的方式结束交易的一种操作方式。期现套利是时间套利在期货市场的应用，它利用期货和现货价格走势的一致性和期货合约临近交割时期货和现货价格的趋同性进行操作。

期货价格和现货价格的一致性是通过期货交易的交割制度来实现的。到交割月份时，持仓费已降至零附近。如果期货价格高于现货价格加持仓成本，或现货价格高于期货价格，则出现了套利机会。

四、什么情形下，可以做期现套利？

在正向市场中，即正常市场情况下，市场供求关系正常，较远期的价格由于包含了持仓费，因此期货价格会高于现货价格。商品期货持有成本体现了期货价格形成中的时间价值，即持仓费是期货合约时间长短的函数。合约时间越远，持有成本越大；反之，则越小；到了交割月，持仓成本降至为零，期货价则趋同于现货价。正向市场时，如出现期货升水，即基差的绝对值大于持仓成本时，采取在现货市场上购买商品，在期货市场建立相应数量的近月头寸，将现货验货入库、注册仓单、期货交割的方式来赚取期现价差，获得无风险收益。如出现现货升水，即基差的绝对值小于持仓成本时，如果投资者持有仓单，则可采取注销仓单、在现货市场上出售的方式盈利。

反之，当某一上市品种近期供给严重不足，近期产量及库存量远远不足以满足市场需求，或市场预计将来该商品的供给会大幅度增加，则会出现反向市场。此时，人们对某种商品的需求非常迫切，价格再高也愿意承担，从而造成现货价格飙升，近期月份合约价格也随之上升，远期月份合约则因未来供给将大量增加的预测，价格相对平稳。因此出现现货价格较期货价格高，或近期期货价格比远期期货价格高的不正常情况。此时，持有现货并储存到未来某一时期仍需支付持仓费，只是由于市场对现货及近期月份合约需求迫切，购买者愿意承担全部持仓费而已。与正向市场相同，随着时间的推进，现货价格与期货价格会逐步趋同，到交割月份时取向一致。在反向市场条件下，基差为正，如果投资者拥有仓单，可以注销仓单在现货市场售卖，并在期货市场远月合约做多来赚取期现价差的无风险收益。

五、稻谷期现套利的成本价如何核算？

稻谷由现货市场转移到期货市场抛售的成本价除了计算收购价外，还要计算交易交割费、入库费、仓储费、运输费以及主要指标达到期货交割标准的费用，列示如下：

（1）收购价；

（2）交易交割费；

（3）入库费（汽车运输包装粮）；

（4）仓储费；

（5）未达到期货交割标准的现货处理，使之符合交割标准需要的费用；

（6）短途运输；

（7）开具增值税发票可能面临的成本变动：如早籼稻收购价格为

1 800 元/吨，在现货市场上持有到 1 月可以卖到 1 900 元/吨，但在期货市场上卖出价格为 2 000 元/吨，增值税损失 =（2 000 − 1 900）/1.13 × 13% = 11.5 元/吨。

专家提示

期现套利要注意的问题

1. 申请套保额度来规避交易所对单个交易编码持仓的限制。

2. 因期货交割品质、包装的标准高于现货市场流通的成品，程序更加繁琐，投资者在现货市场上采购后，还需要经过加工、包装以达到期货交割要求，再经运输、储藏，到期货指定的交割仓库检验入库、注册仓单。所以应计算好仓单注册时间，避免交割违约。一般进入交割月即要准备好所需的仓单。

3. 仓单注册后，投资者可将仓单折抵保证金以减少资金占用，待期货头寸到期时交割平仓。

小贴士

买现货、卖期货套利的流程（见图 9－2）：

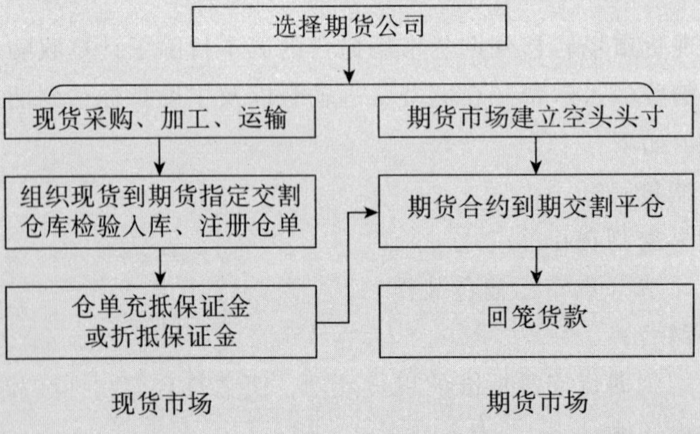

图 9－2　买现货、卖期货套利的程序

六、能列举几个如何运用稻谷期货实现期现套利的案例吗？

可以。期货套利相对于单向投机而言具有较低的风险，同时又能获得较为稳定的收入，是一种比较稳健的交易方式。

案例 9－2

期现货套利案例

2009 年 7 月底，江西温家圳周边地区早籼稻收购进入高潮，收购价格在 1 830 元/吨～1 850 元/吨，收购来的早籼稻通过除杂质、降水分达到符合郑州商品交易所交割的标准，花费 40 元/吨，加上其他费用约 35 元/吨，成本价总计约 1 915 元/吨，而期货 0909 合约一直在 2 050 元/吨上下波动，经过仔细考虑，某企业决定在现货市场收购早籼稻，在期货市场交割，赚取差价，并且考虑了两种情况下的了结方式。

当期现价差扩大，超出正常范围时，即超出套利成本时，可在现货市场买入现货，在期货市场卖出期货合约，到期可能会出现的操作情况有两种：

（1）期现价差缩小，则现货在现货市场处理，而期货空单在期货市场中平仓了结，实现目标利润。

（2）期现价差扩大，则通过实物交割完成交易，实现套利利润。

8 月 3 日，套利者以 2 050 元/吨在早籼稻 0909 合约卖出 2 100 吨，同时在现货市场以 1 840 元/吨从农民手上收购 2 100 吨早籼稻。

9 月 23 日，早籼稻 0909 合约进入交割，交割结算价为 1 953 元/吨，作为开具增值税专用发票的依据。

制作成仓单的成本为 1 915 元/吨，这单生意每吨盈利 135 元/吨，扣除增值税 13 元/吨，共盈利 256 200 元［＝（135－13）×2 100］（见表 9－

1）。

表 9－1 期现套利案例（1）

日期	现货市场	期货市场	基差
8月3日	以1 840元/吨收购2 100吨早籼稻	以2 050元/吨卖出105手9月到期的早籼稻期货合约	－210元/吨
9月23日	因期现价差仍然较大，决定注册成仓单，现货价为1 840元/吨	期货结算价为1 953元/吨	－113元/吨
结果	算上收购成本和相关费用，相当于作了一次早籼稻的贸易。买进时在现货市场，卖出时在期货市场，最终获利256 200元［＝105×20×（135－13）］。		

案例 9－3

企业灵活掌握期现套利交易方法

某企业收购到符合期货交割标准的2008年生产的早籼稻2 000吨，合计花费3 800 000元，折成本1 900元/吨。也是在8月3日以2 048元/吨在ER0909合约卖出2 000吨，至9月24日交割结束，扣除陈早籼稻贴水40元/吨，每吨盈利108元/吨，扣除增值税12.425元/吨，共盈利191 150元。

案例 9－4

8月3日，某企业以2 050元/吨在早籼稻0909合约卖出5 000吨，同时在现货市场以1 840元/吨从农民手上收购5 000吨早籼稻。

8月24日，0909期货价格下跌到1 930元/吨左右，而现货价格仍然平稳，该企业决定把现货在现货市场上平推处理掉，然后把期货平仓。

最后，扣除增值税损失13.81元/吨，这单生意每吨盈利106.19元/吨，共盈利530 950元（见表9－2）。

表 9-2　　期现套利案例（2）

日期	现货市场	期货市场	基差
8月3日	以1 840元/吨收购5 000吨早籼稻	以2 050元/吨卖出250手（每手10吨）9月到期的早籼稻期货合约	-210元/吨
8月24日	以1 840元/吨卖出5 000吨早籼稻	以1 930元/吨买入平仓	-90元/吨
结果	现货市场不盈不亏，期货市场盈利120元/吨。相当于在现货市场以1 840元/吨收购的早籼稻在期货市场以1 930元/吨的价格卖出了。扣除增值税损失13.8元/吨，本次交易共获利530 950元［=250×20×(120-13.81)］		

小贴士

增　值　税

增值税（含应税劳务）是以在流转过程中产生的增值额作为计税依据而征收的一种流转税。我国规定，农业产品征收13%的优惠税率，早籼稻期货交割卖方开具发票也按13%税率计增值税额。

早籼稻期货0909合约交割结算价为1 953元/吨，那么卖方开具1吨早籼稻的增值税发票税额为：

税额=1 953÷（1+13%）×13%=224.68元/吨

七、稻谷期现套利风险小、利润大，一般投资者能做吗？

从前面的案例可以看到，投资者稻谷期现套利需要几个条件：

（1）投资者具备现货经营渠道；

（2）投资者有较好的资金实力和信用，保证现金流；

（3）投资者有一般纳税人的资格。

八、不同稻谷品种间的套利是怎么回事？

早籼稻、晚籼稻和粳稻的价格相互影响，但价格走势又会略有不同。以2013年粳稻期货上市期为例，当时粳稻与早籼稻的差价为530元/吨，至2014年1月中旬，最高达到860元/吨，这就是早籼稻市场短期供应压力大于粳稻市场的表现。在这种情况下，就可以进行卖早籼稻、买粳稻的套利。

早籼稻和晚籼稻期货之间也可以进行套利。2014年的稻谷市场，陈粮需要为新粮收购腾库容，在期货上就转换为买晚籼稻期货、卖早籼稻期货。2014年7月18日晚籼稻期货上市时，晚籼稻与早籼稻的价格差为453元/吨，至8月中旬，价格差最高达到630元/吨。这就是利用早晚籼稻不同的市场特点，进行跨品种套利操作。

九、稻谷期货跨市套利可行吗？

目前郑州商品交易所的稻谷期货挂牌时间较短，和芝加哥商品交易所的籼稻期货还难以比较。从国内稻谷现货历史来看，由于国内外稻谷进出口极少，国内和国外价格相关系数很低，所以目前来看，这两个交易所之间的早籼稻期货跨市套利不具备条件。

部分批发市场有稻谷电子盘远期合同交易，由于交割的指标低于早籼稻期货，其远期合同价格较期货价格差价为50～100元/吨。

资料链接

早籼稻电子批发市场远期交易与期货的区别

品种	最新价	涨跌	成交量	订货量
ZX1003	1 936	-1	312	234
ZX1001	1 931	-1	236	240
ZX0912	1 922	-2	252	200
ZX0911	1 911	-1	14	56
ZX0910	0	0	0	0

资料来源：南方粮食交易市场。

远期合约是指交易双方分别承诺在将来某一特定时间购买和提供某种资产，并事先签订合约，确定价格，以便将来进行交割。

早籼稻期货与远期较为相似，二者的区别在于：早籼稻期货合约是标准化合约，在交易所场内交易，参与的投资者较多，流动性很好；而早籼稻远期合约通常不是标准化合约，是在交易所以外的场外交易，是从事粮食生产、加工、贸易的现货企业参与，流动性很差。

十、跨期套利是怎么回事？

跨期套利又称跨月套利，是利用同一商品不同交割月份合约之间的价差进行交易并在出现有利变化时对冲而获利的交易方式。主要分为买入近月月份合约同时卖出远月月份合约的正向套利，卖出近月月份合约同时买入远月月份合约的反向套利，以及在3个月份合约间分别买卖的蝶式套利。

正向套利是当同一种商品远月月份合约价格远远大于近月月份合约价格

加上远月与近月时间差内的持仓费用之和时，在买入近月合约的同时卖出等量远月合约，之后，当两个月份合约价差缩小时对冲获利；如果二者价差继续扩大，则等待近月和远月合约相继交割。由于最初建立头寸时的价格差足够支付近月到远月交割期间的持仓费用，所以交割后仍然可以获得一部分利润。

反向跨期套利指的是套利交易者认为市场远月合约估价偏低，而近月合约估价偏高，于是采取卖近买远的操作，以期待市场向合理价差回归而双向对冲获利。

案例 9－5

9月11日，早籼稻1001价格为2 068元/吨，早籼稻ER1005价格为2 130元/吨，两者之间的价差达到62元/吨，远高出两者之间的正常价差。客户以2 068元/吨买进近月合约ER1001，数量10手，又以2 130元/吨卖出远月合约1005，同样是10手。这就是正向套利。

10月15日，客户以2 012元/吨的价格卖出10手原买进的合约1001，又以2 044元/吨的价格买进原卖出的合约1005。不计手续费，共盈利6 000元（见表9－3）。

表9－3　正向跨期套利案例

日期	正向跨期套利		价差
9月11日	买入10手1月到期的早籼稻期货合约，价格为2 068元/吨	卖出10手5月到期的早籼稻期货合约，价格为2 130元/吨	62元
10月15日	卖出10手1月到期的早籼稻期货合约，价格为2 012元/吨	买入10手5月到期的早籼稻期货合约，价格为2 044元/吨	32元
单个合约的盈亏状况	亏损56元/吨	盈利86元/吨	价差缩小30元
最终结果	盈利30元/吨，总盈利30×20×10＝6 000元。		

专家提示

正向套利操作中面临的风险

正向套利由于具有不仅可以通过对冲平仓获利，而且可以通过最终交割获利的特点，常常被称为低风险甚至无风险套利。但事实上，这种买近卖远的套利交易同样是有风险的。当远近月价差出现套利机会，投资者在进行了买近卖远的套利操作后，如果价差缩小，当然可以实现双向对冲，获利出局。但如果二者价格差继续扩大，不得不通过交割完成套利操作时，就会有风险了。如果进行交割，远近月合约间的费用大致包括几个方面：交易保证金占用资金利息、交割货款利息、交易手续费、仓储费及损耗、交割费用、增值税等。上述几项费用中，不确定的主要是交易保证金占用资金利息和增值税。特别是增值税，在近月完成交割后，如果远月继续大幅上涨，则增值税的支出将可能持续增加，将很快使不多的预期利润消失，甚至出现亏损。

值得一提的是，在实际交易中，正向套利的“无风险”套利机会很少见，预期利润也比较低，很容易随着交易保证金的占用资金利息和增值税的增加而消失。如果投资者发现并抓住了不多的正向套利机会，在近月合约交割后，就应该时刻关注远月的牛市是不是在继续深化。如果远期价格暴涨，增值税等费用支出可能会远大于预期获利时，在盘面上平掉远月合约空单，并将近月所接仓单流向现货市场是较好的选择。

专家提示

反向套利操作中面临的风险

在同一个生产消费周期内，某种商品近月与远月的正常价差应该是持有近月合约到远月期间的所有费用。即近月合约价格＋期间持仓费用＝远月合约价格。所以反向套利交易者认为当远月合约价格小于近月合约价格＋持仓费用时，则可能就是远月价格被低估，而近月合约被高估。

但事实上，这种想法并不总是正确的。我们知道，不论是期货市场还是现货市场，都有牛市和熊市之分，在牛市里，市场价格是持续上涨的，而在熊市里，市场价格是持续下跌的。如果我们观察一个生产周期内牛市里的某商品各月份的现货价格，会发现远月的价格是大于近月价格+持仓费用的。远月价格由于牛市的延续而获得了额外的升水。由于有额外的利润存在，现货企业才愿意囤货，并待价而沽。而在一个熊市结束后，我们发现远月的价格可能小于近月价格+持仓费用，因为是熊市，商品价格是逐期下跌的，商品远月价格相对近月贴水。因此，在不同的市场环境中，远月价格高于或低于近月商品价格+持仓费用都有可能是正常的。

上面我们讨论的是事后看现货市场上的远月商品价格和近月商品价格的比较。有人认为期货市场上也许不是这样。我们也可以分析一下期货市场远月和近月合约的情况。假设某种商品的生产和消费周期是每年的10月1日至次年的9月30日（比如玉米、稻谷），在12月的某一天我们观察来年的5月和7月的期货合约。假定当年度减产，供给不足，在12月以前，5月和7月都处于牛市上涨阶段，而且由于预期未来供给紧张或者需求旺盛，7月合约价格应该高于5月合约价格+持仓费用。但是随着时间的推移，比如到了次年2月、3月，年前较高的现货价格抑制了前期消费，在新年开始后该种商品供应并没有出现紧张的情况，于是现货和期货价格均低走，此时处于熊市状态下的5月和7月合约的价格差距可能会变化，即7月价格可能会低于5月价格+持仓费用。当然，如果当年丰产，供应充足，也可能出现先跌后涨的情况。

上面我们考量的是同一生产和消费周期内的不同合约间的套利，而不同生产或消费周期内不同合约的套利风险更大。例如RI1005和RI1009合约，分别属于不同的作物年度，前者属于旧作物年度合约，后者属于新作物年度合约，存在跨年度的风险。

十一、稻谷期货的相关品种有哪些？品种之间能否套利？

稻谷期货有三大品种，玉米、小麦同为农作物，并且同样能做饲料和食用，具有较强的替代性。所以稻谷期货的主要相关品种既可以同内部的早籼稻、晚籼稻、粳稻套利，也可以各自和玉米、小麦期货套利。

从下面的郑州小麦和南昌早籼稻现货对比图可以看出，早籼稻和小麦价格走势有很高的相关性（见图9-3）。

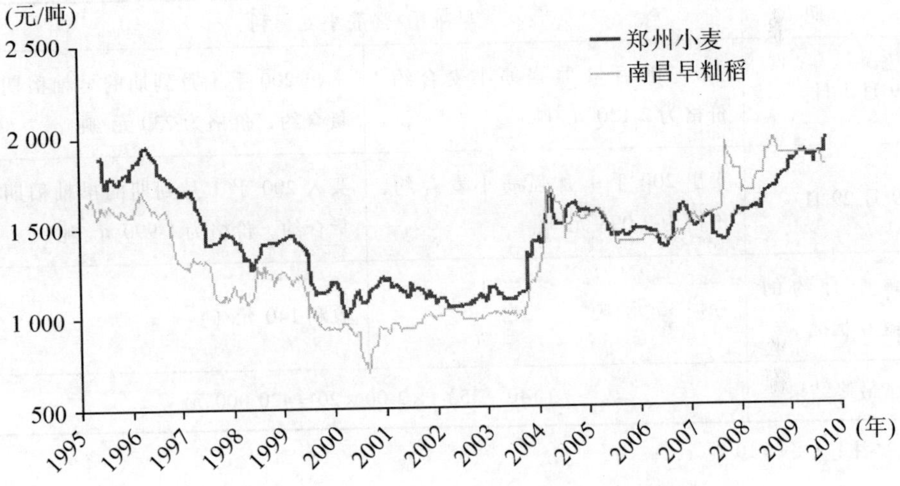

图9-3　郑州小麦和南昌早籼稻现货对比图

资料来源：瑞奇期货。

案例9-6

早籼稻和强筋小麦跨品种套利

从历史比价看，较长时间里，现货市场的郑州普通小麦要高于南昌早籼稻，而郑州强筋小麦一般都高于普通小麦100元/吨。进入8月中下旬，郑州普通小麦现货持续上涨，再度高过南昌早籼稻价格。历史经验告诉我们，强筋小麦现货一般高于南昌早籼稻价格120元/吨，而此时期货市场两者价格非常接近，这就带来了买强筋小麦期货、卖出早籼稻期货的套利机会。

在9月1日，早籼稻1001合约价格和郑麦1001合约价格接近，客户以2 130元/吨的价格卖出早籼稻1001合约2 00手，同样以2 130元/吨的价格买进郑麦1001合约2 00手。

9月29日，早籼稻1001价格跌到1 990元/吨，郑麦1001价格跌到2 095元/吨。客户把两合约平仓。

这样，早籼稻1001每吨盈利140元，郑麦1001每吨亏损35元。合计盈利420 000元（见表9－4）。

表9－4 跨品种套利案例

日期	早籼稻/强筋小麦套利	
9月1日	买入200手1月强筋小麦合约，价格为2 130元/吨	卖出200手1月到期的早籼稻期货合约，价格为230元/吨
9月29日	卖出200手1月强筋小麦合约，价格为2 095元/吨	买入200手1月到期的早籼稻期货合约，价格为1 990元/吨
单个合约的盈亏状况	亏损35元/吨	盈利140元/吨
最终结果	（140－35）×2 00×20＝420 000元	

注：1手＝10吨。

专家提示

跨品种套利是针对和稻谷三大合约本身套利及与小麦或玉米合约，而且最好是离交割较远的期货合约。

专家提示

跨品种套利所面临的风险

跨品种套利是指利用不同期货品种之间的价差变化进行获利的投资手段。能够实行跨品种套利的期货合约之间必须具有很强的相关性，品种之间的相关性越强，出现跨品种套利机会时的投资风险相对就越小。但是跨品种套利在某些时候也会出现较大的风险，要注意防范。比如，买早籼稻和卖强筋小麦套利，两者的正常差价不会很大，但如果在小麦播种和生长过程中遇上大旱，小麦可能大幅度减产，就会出现强筋小麦与早籼稻的差价大大高于历史的情况，投资者要及时止损。

自测题

一、填空题

1. 期货价格和现货价格的一致性是通过期货交易的（　　）来实现的。

2. 早籼稻当前现货价格是 1 820 元/吨，期货主力合约 5 月价格是 2 050 元/吨，那么基差是（　　）元/吨。

二、单项选择题

1. 5 月 20 日，某交易者买入两手早籼稻 5 月合约，价格为 2 080 元/吨，同时卖出两手早籼稻 7 月合约，价格为 2 100 元/吨。两个月后的 7 月 20 日，早籼稻 5 月合约价格变为 2 110 元/吨，而早籼稻 7 月合约价格变为 2 160 元/吨。则 5 月 20 日和 7 月 20 日相比，两合约价差变化是（　　）。

A. 价差扩大了 30 元/吨

B. 价差缩小了 30 元/吨

C. 价差扩大了 50 元/吨

D. 价差缩小了 50 元/吨

2. 某交易者在 5 月 30 日买入 1 手早籼稻 9 月合约，价格为 2 050 元/吨，同时卖出 1 手早籼稻 11 月合约，价格为 2 080 元/吨。7 月 30 日，该交易者卖出 1 手早籼稻 9 月合约，价格为 2 070 元/吨，同时以较高价格买入 1 手早籼稻 11 月合约。已知其在整个套利过程中净亏损 200 元，且交易所规定，1 手 =20 吨。试推算 7 月 30 日的早籼稻 11 月合约价格是（　　）。

A. 2 100 元/吨　　B. 2 110 元/吨

C. 2 120 元/吨　　D. 2 090 元/吨

3. 某交易者在 3 月 20 日卖出 1 手早籼稻 7 月合约，价格为 2 040 元/吨，同时买入 1 手早籼稻 9 月合约价格为 2 090 元/吨。5 月 20 日，该交易者买入 1 手早籼稻 7 月合约，价格为 2 010 元/吨，同时卖出 1 手早籼稻 9 月合约，价格为 2 075 元/吨，交易所规定 1 手 =20 吨，请计算套利的净盈亏为（　　）。

A. 亏损 300 元　　B. 获利 300 元

C. 亏损 320 元　　D. 获利 320 元

三、判断题

1. 投资者在进行跨市套利时，应着重考虑两地间的运输费用和正常的差价关系。（　　）

2. 套利与套期保值在交易形式上相同，但前者只在期货市场上买卖合约。（　　）

3. 套利者往往先买进或卖出一份合约，再做相反操作，先后扮演多头和空头的双重角色。（　　）

4. 如果不同交割月份合约价格间关系不正常，无论价差过大还是过小，交易者都可以相机采取行动进行跨期套利。（　　）

5. 在正向市场上，如果供给不足，需求相对旺盛，则可能导致近期月份合约价格的下降幅度小于远期月份合约。（　　）

6. 在正向市场牛市套利中，如果近期和远期合约价格均下降，则交易者绝对不可能获利。（　　）

7. 在正向市场中，客户在做买入套保时，如果基差值变大，在不考虑

交易手续费的情况下，客户将会赢利。　　(　　)

参考答案

一、填空题

1. 到期交割　　2. －230

二、单项选择题

1. A　　2. B　　3. B

三、判断题

1. √　　2. ×　　3. √　　4. √　　5. √　　6. ×　　7. ×

第十章

稻谷期货的实物交割操作

本章要点

无论在国内市场还是在国外市场，相对于其他商品来说，农产品期货实物交割的量都比较大。早籼稻作为农产品的一种，实物交割的比例也会较多，本章详细介绍交割的制度规定和环节。

一、什么是稻谷期货交割？

期货交割是指期货合约到期时，按照交易所的规则和程序，交易双方通过该期货合约标的物所有权的转移，了结到期未平仓合约的过程。目前稻谷期货包括早籼稻期货、粳稻期货和晚籼稻期货。具体到稻谷期货方面的交割，就是指稻谷期货合约到期时，未平仓的期货合约买方通过支付全额货款取得相应数量的稻谷实物所有权（标准仓单），卖方交付稻谷期货标准仓单来了结相应的未平仓合约（见图 10-1）。

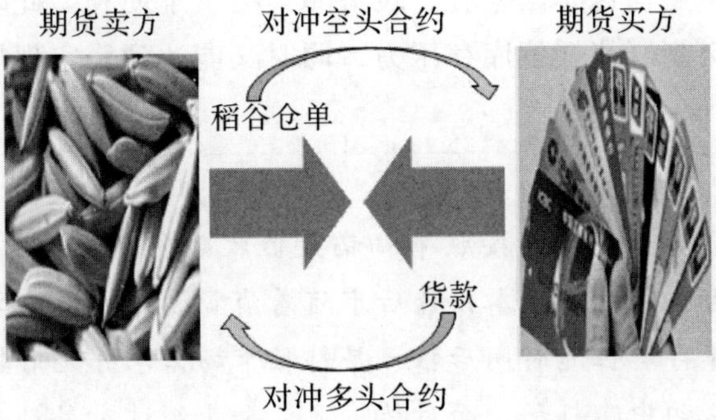

图 10-1 期货交割

案例 10-1

早籼稻期货交割

2010 年 6 月初，某法人户仍持有早籼稻期货 1007 合约 50 手，该企业预期当年早籼稻减产，早籼稻开秤收购恐怕会高出期货市场 1 900 元/吨的价格，遂决定不了结 7 月合约多头头寸。该企业准备好充足的货款，持有 7 月合约至交割，以交割付货款的形式了结其 7 月合约多头头寸，并取得早籼稻期货仓单所有权。

二、什么情况下会进行稻谷交割？

一般情况下，投资者会选择在期货市场上平仓而不进行交割，但若进入交割月（非自然人客户），稻谷期货合约价格仍然没有向现货市场价格回归的迹象，卖方进行交割就比较合适；也存在期货价格因为资金或其他因素冲击出现远低于现货价格的情况，此时有现货销售渠道的企业就可以在期货市场上买入交割，取得货物后在现货市场上出售。当然，也可能存在现货库存过高，通过现货市场销售对价格打压较大，而期货市场高度的流动性即众多的对手方，为企业快速卖出稻谷、缓解库容提供了便利。此时，在期货市场卖出稻谷期货交割既能缓解库存压力，同时又能达到稳定现货价格的目的。

案例 10－2

江西南昌某企业在 8 月按照早籼稻最低收购价 1 800 元/吨收购了一批早籼稻，大约为 3 万吨。原本预计后市随着消费的企稳，现货市场能够消化掉企业早籼稻库存。但随时间后推，早籼稻市场需求并无好转，而企业又需要腾出库容来收购中晚籼稻。面对该情况，企业经过对早籼稻期货市场的分析，认为在期货市场抛出早籼稻有利可图，又能稳定现货价格，遂果断决定在期货市场以 2 000 元/吨抛空早籼稻 0911 合约，同时着手注册早籼稻仓单，利用期货交割库来缓解该企业库容压力。这样既保证了现货销售，又为企业持续经营提供了空间。

三、什么类型的客户能够进行稻谷期货交割？

能够交付或者接收增值税专用发票的客户以及能够由税务局代开增值税专用发票的客户都能够进行稻谷期货交割。一般来说，就是企业法人可以交割，个人客户不能进行交割，不能将持仓带入交割月份，也不得开立交割月份头寸。

客户持仓量为非交割单位整数倍（早籼稻、晚籼稻为 20 吨，粳稻为 1 000吨）的相应持仓不得交割。

案例 10 - 3

某客户是早籼稻现货经纪人，有一定的早籼稻收购量。该客户想，要是能够在期货市场卖掉早籼稻，就不用在现货上准备大仓库了，9 月收购的早籼稻就运送至交割库到期交割就可以了。抱着这样的想法，该客户在期货市场先建立了 0909 空头头寸，但是在 8 月被提前告知没有交割权限，在 8 月底必须平仓。所幸该客户的空头持仓不大，平仓还比较顺利。不是手头有早籼稻的客户都能够进行卖方交割的，一定要注意是具备开具增值税专用发票资格（或税务局代开）的法人企业才能进行交割。

四、企业在期货市场的持仓可能超过限仓额度怎么办?

如果企业持仓可能超过稻谷期货限仓额度，那么就要准备在期货市场申请套期保值额度。申请的套期保值额度不受投机持仓限制。所谓套期保值额度，就是企业根据自身的现货经营状况，向交易所申请的稻谷期货最大持仓量。

郑州商品交易所实行套期保值额度审批制度。套期保值交易分为一般月份（合约挂牌至交割月前一个月第一个交易日之前）套期保值交易和临近交割月份（交割月前一个月和交割月份）套期保值交易。需进行套期保值交易的客户应向其开户的期货公司会员申报，由期货公司会员对申报材料进行审核后，向交易所办理申报手续。申请到的套期保值交易额度在正常情况下不受交易所规定的持仓限量的限制。

稻谷套期保值审批由郑州商品交易所套期保值审核委员会进行。套期保值审批委员会则由交易所领导及市场监察部、交割部、结算部、法律事务部、市场部等部门负责人组成。

五、申请套期保值需要准备哪些材料？

按照郑州商品交易所规定，对于套期保值可分为一般月份（合约挂牌至交割月前一个月第一个交易日之前）套期保值和临近交割月份（交割月前一个月和交割月份）套期保值。

（一）一般月份套期保值

申请一般月份套期保值持仓额度的会员或客户，应当填写《郑州商品交易所一般月份套期保值持仓额度申请（审批）表》，并向交易所提交下列证明材料：

（1）企业营业执照副本（复印件）；

（2）企业近两年的现货经营业绩；

（3）企业套期保值交易方案（主要内容包括风险来源分析、保值目标、预期交割或平仓的数量）；

（4）交易所要求的其他证明材料。

（二）临近交割月份

申请临近交割月份套期保值持仓额度的会员或客户，应当填写《郑州商品交易所临近交割月份套期保值持仓额度申请（审批）表》，并根据企业性质向交易所提交相关证明材料。

1. 生产企业应提交的证明材料：

（1）上一年度生产计划书；

（2）卖出套保需提供本次保值额度所对应的现货仓单或拥有实物的其他凭证（购销合同或发票）；

2. 加工企业应提交的证明材料：

（1）上一年度生产计划书、本次保值额度所对应的加工订单；

(2) 卖出套保需提供本次保值额度所对应的现货仓单或拥有实物的其他凭证（购销合同或发票）；

(3) 买入套保需提供本次保值额度所对应的购销计划（合同）。

3. 贸易及其他企业应提交的证明材料：

(1) 卖出套保需提供本次保值额度所对应的现货仓单或拥有实物的其他凭证（购销合同或发票）；

(2) 买入套保需提供本次保值额度所对应的购销计划（合同）。

除上述证明材料外，交易所认为有必要的，还可以要求会员或客户提供其他证明材料。

六、期货套期保值额度申请的其他注意事项有哪些？

（一）资格

申请套期保值交易的客户和非期货公司会员必须具备与套期保值交易品种相关的生产经营资格。

（二）材料

客户和非期货公司会员的纸质套期保值申请材料应由会员保存完整，以备交易所抽查审核。

（三）申请时间

一般月份套期保值持仓额度的申请应当在套期保值合约交割月前 2 个月的第 20 个日历日之前的交易日提出；临近交割月份套期保值持仓额度的申请应当在套期保值合约交割月前 2 个月的第 1 至第 20 个日历日之间的交易日提出，逾期交易所不再受理该合约套期保值持仓额度的申请。

（四）交易所审批回复时间

对于一般月份套期保值额度申请，交易所自收到申请之日起 5 个交易日内进行审核；对于临近交割月份套期保值额度申请，交易所在申请截止日后的5个交易日内集中审批，回复处理意见。

（五）郑州商品交易所审批原则

对一般月份套期保值持仓额度的申请，按主体资格是否符合，套期保值品种、交易部位、买卖数量、套期保值时间与其生产经营规模、历史经营状况、资金等情况是否相适应进行审核，确定其一般月份套期保值持仓额度。一般月份套期保值持仓额度不超过其所提供的一般月份套期保值证明材料中所申报的数量。

对临近交割月份套期保值持仓额度的申请，交易所将按照会员或客户的交易部位和数量、现货经营状况、对应期货合约整体持仓情况、可供交割商品在交易所指定交割仓库库存数量以及期现价格是否背离等，确定其临近交割月份套期保值持仓额度。临近交割月份套期保值持仓额度不超过其所提供的相关套期保值证明材料中所申报的数量。

（六）套期保值建仓时间

获批套期保值持仓额度的会员或客户，应当在套期保值合约交割月前一个月的最后一个交易日收市前，按获批的交易部位和额度建仓。规定期限内未建仓的，视为自动放弃套期保值持仓额度。

（七）额度

套期保值持仓额度自交割月第一个交易日起（含该日）不得重复使用。

七、稻谷期货标准仓单怎么注册？

稻谷期货中交割方式有两种，分别是仓库交割和厂库交割，其中早籼稻采用的是仓库交割，粳稻和晚籼稻采用的是仓库交割和厂库交割两种。所以标准仓单的注册分为仓库标准仓单注册和厂库标准仓单注册。仓库标准仓单生成包括交割预报、入库验收、质量检验、仓库申请注册及交易所办理注册等环节。厂库标准仓单的生成包括厂库申请注册及交易所办理注册等环节（见图10－2）。

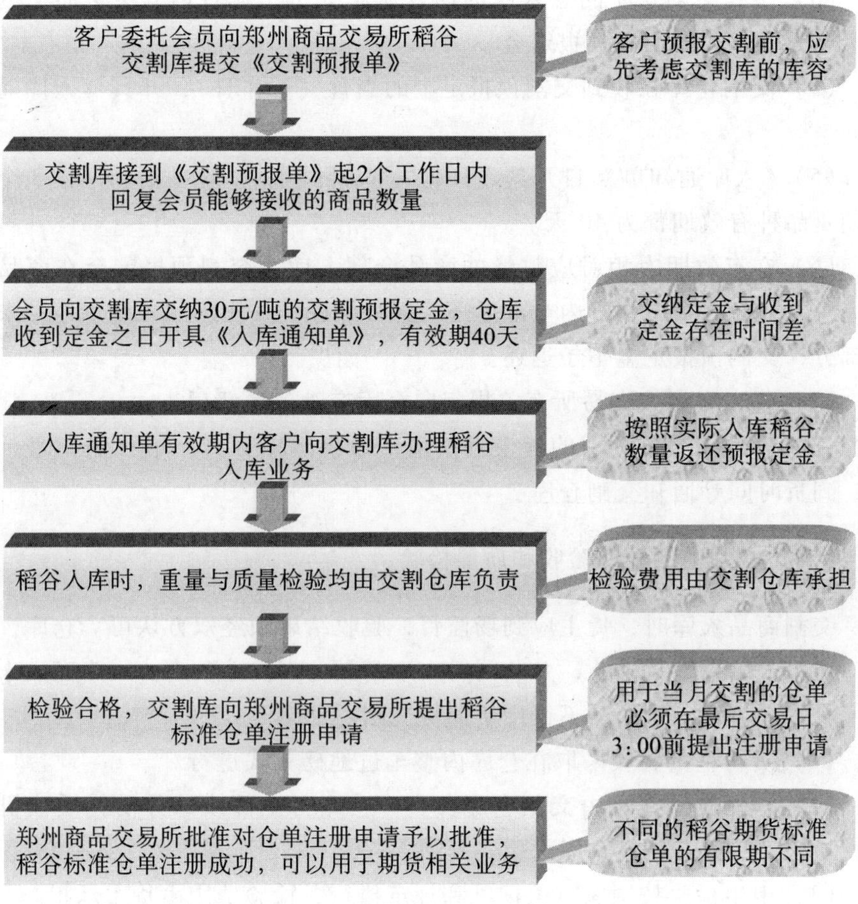

图10－2　仓库标准仓单注册流程图

资料来源：江西瑞奇期货经纪有限公司。

（一）交割预报

（1）客户或者非期货公司会员向交割仓库发货前由会员填写《交割预报单》，并向交割仓库预报（预报数量较大的，须提供拥有商品的相关证明）。

（2）交割仓库在接到会员的《交割预报单》之日起的2个工作日内，向会员回复仓库能够接受的商品数量。

（3）接到交割仓库同意入库的回复后起2个工作日内，会员向交割仓库缴纳30元/吨的交割预报定金。

（4）交割仓库在收到交割预报定金的当日（工作日），开具《入库通知单》。

（5）《入库通知单》自开具之日起生效，早籼稻、晚籼稻和粳稻3个稻谷期货品种有效期都为40天。

（6）在有效期内相对应数量的商品全部入库，交割预报定金在商品入库完毕之日起2个工作日内全部返还；部分入库的按实际到货量返还；未到库部分，交割预报定金不予返还。

（7）货主应当按交易所有关规定向仓库交纳各项费用。

（8）办理完交割预报的货主发货前，须将运输方式、车（船）号、数量、到货时间等通知交割仓库。

（二）交割商品入库验收和质量检验

交割商品入库时，货主应到场监督，验收结果须经双方认可。仓库、货主应对验收结果签章确认，并共同对入库商品的真实性负责。入库商品未经仓库、货主签章确认的，不得用于期货交割。

（1）货物重量验收采取在仓库内整车过地磅方式进行。

（2）入库质量检验由交割仓库负责。仓库可全部或部分委托质检机构进行检验，检验费用由仓库承担。

（3）卫生检验按国家有关标准和规定执行，检验费用由货主承担。

（4）入库检验样品由仓库在卸货前抽取，检验结果不符合交割质量标准的不允许注册。

（5）货物入库时，达不到交割质量标准的商品，经双方协商，仓库可提供整理等服务。

（6）自每批货物样品抽取结束时起，仓库应于24小时内得出质量检验结果，并及时通知货主。

（三）标准仓单注册

1. 仓库仓单注册。

（1）自出具或者接到质检机构的检验结果之日起 1 个工作日内，仓库对检验结果进行确认并通知货主。对于质量符合交割规定的货物，货主无异议的，自通知货主之日起 2 个工作日内，仓库应当向交易所申请注册仓库仓单。

（2）郑州商品交易所在自仓库提出仓单注册申请之日起 7 个工作日内予以注册。

（3）合约最后交易日下午 3 时起，交易所不再受理交割仓库提出的用于当月交割的仓库仓单注册申请。

2. 厂库仓单注册。

（1）非期货公司会员或客户与厂库结清货款等费用后，厂库通过交易所仓单注册注销系统提交仓单注册申请。

（2）厂库申请仓单注册时，必须提供交易所认可的银行履约保函、现金或交易所认可的其他支付保证方式。厂库提交的保证金数额按照最近交割月合约前一交易日结算价计算。

（3）厂库最迟应当在合约交割月最后交易日前三个交易日下午 3：00 前提交仓单注册申请。厂库提交的支付保证方式符合规定的，交易所可在自厂库提出仓单注册申请之日起 3 个工作日予以注册。

八、稻谷的交割仓库主要分布在哪些省份？具体名称是什么？

交割仓（厂）库的设置原则一般是“产区为主，兼顾销区”，符合现货贸易的特点。

2014 年 10 月 21 日数据显示，早籼稻交割仓库共设有 12 个。主要分布在湖南和江西两省。湖南设有 5 个交割仓库，江西设有 6 个交割仓库，湖北设有 1 个交割仓库，这些仓库均为基准交割仓库，不设升贴水。湖南交割仓库分别是湖南金霞粮食产业有限公司、湖南金健粮油实业发展有限公司、湖南永州下河国家粮食储备库、湖南赤山国家粮食储备库、湖南衡阳三塘国家粮食储备库；江西交割仓库分别为江西樟树国家粮食储备库、江西省温圳粮库、九江市粮油总公司储备仓库、江西中储粮吉安直属库、江西中储粮万年直属库、江西省粮油集团新干购销有限公司；湖北交割库为武汉市大花岭粮食储备库。

由于晚籼稻期货刚上市不久，目前只有 6 个交割仓库，且升贴水都为 0。6 个交割仓库分布在江西、湖南、湖北和安徽四个省份。江西交割仓库有 2 个：益海嘉里（南昌）粮油食品有限公司和江西省粮油集团新干购销有限公司；湖北设有 2 个：湖北康宏粮油食品有限公司和武汉市大花岭粮食储备库；湖南交割库为湖南赤山国家粮食储备库；安徽设在中粮粮油安徽国家粮食储备库。

粳稻设有 8 个交割库，分布在黑龙江、辽宁和吉林 3 个省份。黑龙江设有 3 个：中央储备粮哈尔滨直属库、中粮米业（绥化）有限公司、益海嘉里（哈尔滨）粮油食品工业有限公司。其中后两个库的类型为仓库和厂库，3 个交割库都为基准交割库，不设升贴水。辽宁有 2 个交割仓库：沈阳市直属粮食储备库，升水 100 元/吨；营口港务集团有限公司，升水 110 元/吨。吉林交割仓库分别为：中粮米业（吉林）有限公司，升水 50 元/吨；吉林粮食集团米业有限公司，升水 30 元/吨；北京古船米业有限公司，升水 30 元/吨。

九、稻谷期货交割的质检机构分别有哪些？费用是多少？

稻谷入库质量检验由交割仓库负责，交割仓库可全部或部分委托指定质检机构进行检验，检验费用由交割仓库承担，故在入库检验环节货主不用承担任何费用。如果货主对入库检验结果有异议的，应当自收到检验结果之日起 3 个工作日内向交易所书面提出复检申请，并预交复检费用。复检结果与交割仓库原检验结论一致的，由货主承担相关费用（检验费、抽样费、差旅费、交通费等）；复检结果与交割仓库原检验结论不一致的，相关费用由交割仓库承担。目前晚籼稻还没指定任何质检机构（见表 10－1 和表 10－2）。

表 10－1　　早籼稻指定质检机构及检验费用　　（单位：元/样）

序号	项目	安徽省粮油产品质量监督检测站	湖南省粮油产品质量监测中心	江西省粮油质量监督检验中心
1	出糙率	60	100	60
2	整精米率	60	100	80
3	水分	60	100	60
4	杂质	50	100	40
5	色泽、气味	50	50	40
6	黄粒米	50	50	40
7	脂肪酸值	200	260	120
8	谷外糙米	50	50	40
9	互混	50	50	40
	合　计	630	860	520

注：早籼稻复检按指定质检机构的检验费用双倍收取。

表 10－2　　粳稻指定质检机构及检验费用　　（单位：元/样）

序号	项目	黑龙江省粮油卫生检验监测站	中国检验认证集团辽宁有限公司
1	出糙率	62	60
2	整精米率	45	60
3	水分	60	60
4	杂质	50	50
5	色泽、气味	60	40

续表

序号	项目	黑龙江省粮油卫生检验监测站	中国检验认证集团辽宁有限公司
6	黄粒米	50	50
7	脂肪酸值	180	200
8	谷外糙米	50	50
9	互混	40	50
10	垩白粒率	45	60
合 计		642	680

注：粳稻复检按指定质检机构的检验费用双倍收取。

案例 10－4

交割费用计算

2014 年 8 月，某企业在早籼稻 1409 合约上持有空头头寸，该企业经计算确认进行交割非常划算，决定持有合约至最后交易日并进行交割。

（1）入库费：汽车包装粮入库 14 元/吨；

（2）仓储费：8 月 20 日注册仓单，至交割日 9 月 15 日尚有 26 天，仓储费 =26×0.4 元/吨·天 =10.4 元/吨。

（3）检验费为 0，由交割库检验。

（4）交割结算价 2 211 元/吨，增值税 =2 211÷1.13×0.13 =254.36 元/吨，如果交割结算价降至 2 111 元/吨，那么增值税 =2 111÷1.13×0.13 =242.86 元/吨，若交割结算价变动 100 元/吨，增值税变动 11.5 元/吨。

十、稻谷期货的交割流程有哪些？

稻谷期货采取的是标准仓单交割，实行三日交割法：配对日、通知日和交割日。

由于早籼稻和晚籼稻期货合约适用通用标准仓单，粳稻期货合约适用非通用标准仓单，两者在交割流程上、配对日、配对原则上有所区别。

（一）配对日

1. 早籼稻和晚籼稻期货合约配对原则。

（1）自进入交割月第一个交易日起至最后交易日的前一交易日，持有交割月合约、标准仓单的卖方会员均可在每个交易日下午2：30之前的交易时间内，通过会员服务系统提出交割申请。

（2）买方会员在会员服务系统响应卖方会员的交割申请；未得到买方会员响应的，卖方会员可于申请当日下午2：30之前撤销交割申请，没有撤销的，由计算机系统判为作废；买方会员响应的，即视为确认，买卖双方均不得撤销。申请当日闭市后，交易所依据买卖双方相对应的持仓量、买卖双方确认申请量和卖方持有标准仓单量，取最小数进行配对（即配对日）。

（3）最后交易日闭市后，同一会员同一交易编码客户所持有的该交割月买卖持仓相对应部分由计算机自动平仓，平仓价按当日结算价计算；其他未平仓合约，一律视为交割合约，由计算机按数量取整、最少配对数原则予以配对（配对日）。

2. 粳稻期货合约配对原则。

（1）最后交易日之前：①自进入交割月第一个交易日起至最后交易日的前一交易日，持有交割月合约、标准仓单卖方会员可在每个交易日下午2：30之前，通过会员服务系统提出交割申请。卖方提出标准仓单交割申请时，应同时提交相应的标准仓单信息。②买方会员在会员服务系统响应卖方会员的交割申请。买方会员响应的，即视为确认，买卖双方均不得撤销。未得到买方会员响应的，卖方会员可于申请当日下午2：30之前撤销交割申请；没有撤销的，由计算机系统判为作废。③当日闭市后，交易所按确认结果进行配对（即配对日）。

（2）最后交易日：①当日下午，不再进行交易。闭市后，同一会员同一交易编码客户所持有的该交割月买卖持仓相对应部分由计算机自动平仓，平仓价按当日结算价计算。其他未平仓合约，一律视为交割合约。②当日下午1：30之前，卖方应提出交割申请，卖方应主动公布用于交割的仓单信息，未主动公布的，交易所于下午1：30公布卖方相应品种所有有效标准仓单信息供买方挑选；买方挑选卖方标准仓单的总数量不超过卖方该合约的持仓量。③当日下午1：30～2：30，买方根据卖方提交的仓单信息自主选择并确认。④当日闭市后，交易所按确认结果进行配对；其他仍未配对的持仓，由计算机按数量取整、最少配对数原则予以配对（即配对日）。

3. 配对后，卖方相应的标准仓单予以冻结，相应的交易保证金予以释放。

4. 交割关系一经确定，买卖双方不得擅自调整或者变更。

（二）通知日（配对日后的下一个交易日）

买卖双方通过交易所会员服务系统确认《交割通知单》。会员未收到《交割通知单》或者对《交割通知单》有异议的，应在通知日下午5：00之前以书面形式通知交易所；规定时间内没有提出异议的，视为对《交割通知单》的认可。

（三）交割日（通知日后的下一个交易日）

1. 上午9：00之前，买方会员将所欠货款划入交易所账户，卖方会员应当持有可流通的标准仓单。交易所结算部门为买卖双方办理交割结算手续，买卖双方在《交割通知单》注明的时间通过交易所会员服务系统查收交割结算结果；同时，买方会员把客户名称和税务登记证号等事项提供给卖方会员。

2. 交易所收取买方会员全额货款后，于交割日将全额货款的80%划转给卖方会员，同时将卖方会员的仓单交付买方会员。余款在买方会员确认收到卖方会员转交的增值税专用发票时结清。

3. 交割结算价为期货合约配对日前10个交易日（含配对日）交易结算价的算术平均价。

4. 增值税专用发票的流转：配对日后的一个工作日内，买方按照税务机关的规定将开具增值税发票所需的具体信息通知卖方。自交割日（不含该日）起 7 个交易日内，卖方应当提交增值税专用发票（见图 10－3）。

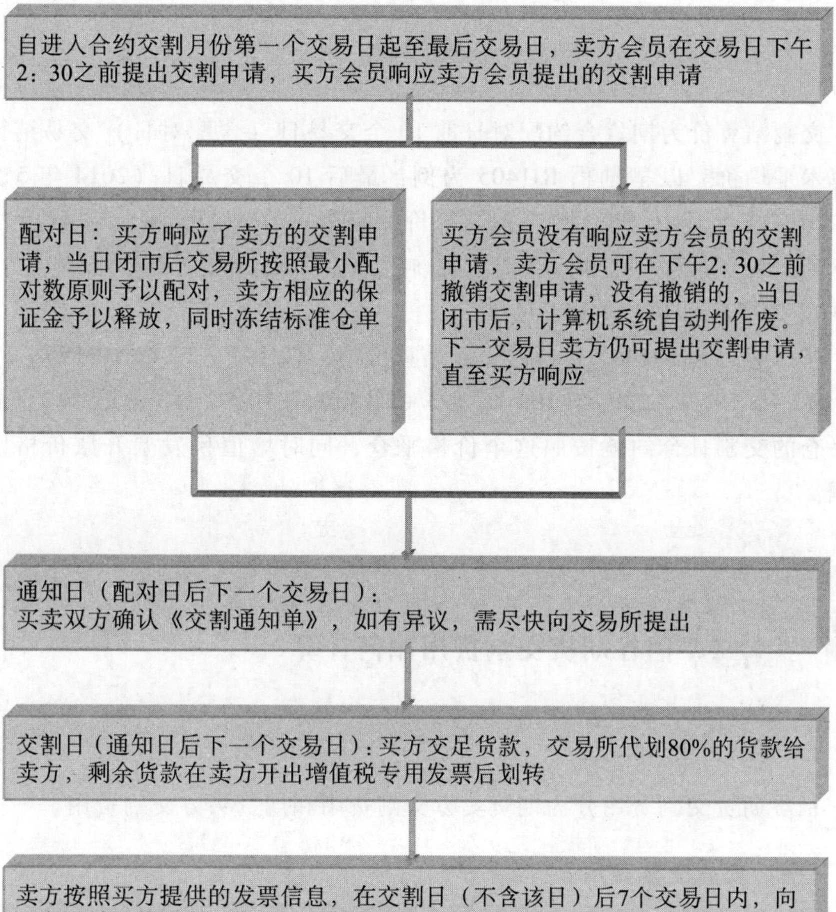

图 10－3　稻谷期货交割流程图

资料来源：江西瑞奇期货经纪有限公司。

十一、交割结算价怎样确定？

交割结算价为期货合约配对日前10个交易日（含配对日）交易结算价的算术平均价。以早籼稻RI1405为例：最后10个交易日（2014年5月5日~2014年5月16日）的交割结算价分别为：2 145元/吨、2 147元/吨、2 155元/吨、2 217元/吨、2 217元/吨、2 197元/吨、2 209元/吨、2 199元/吨、2 193元/吨、2 153元/吨。

所以早籼稻RI1405合约的交割结算价为：(2 145 + 2 147 + 2 155 + 2 217 + 2 217 + 2 197 + 2 209 + 2 199 + 2 193 + 2 153) ÷ 10 = 2 183（元/吨）。之前未平仓的交割月合约就按照这个价格平仓，同时增值税发票开票价格以此为据。

十二、稻谷期货交割费用如何计算？

稻谷期货交割费用分为期货卖方交割费用和期货买方交割费用。

（一）卖方交割费用

早籼稻、晚籼稻、粳稻运达交割仓库指定货位前的一切费用由卖方客户承担；从指定货位到装上车、船（汽车、火车、轮船）板的费用由买方客户承担。

稻谷交割费用包括出入库费用、交割手续费、仓储费及检验费等。其中入库检验费用由交割仓库承担，费用含在入库费用中。

卖方交割发生的费用包括交割手续费、入库费、仓储费等费用。仓储费收取节点：自标准仓单注册之日起至交易所开出《提货通知单》前一日止，交易所代交割仓库收取仓储费，交易所在每月第一个交易日按月计算划转上个月发生的仓储费；交易所代收之外的费用，交割仓库直接向货主收取。

（二）买方交割费用

包括交割手续费、出库费（汽车运输包装粮）。

另外，在稻谷期货交割中，应注意交割结算价可能的变动带来的增值税增减，对卖方来说，如果交割结算价过高，那么卖方要开具的增值税就高，对卖方不利，但有利于买方；如果交割结算价远低于预期，那么对卖方有利，买方能够抵扣的增值税就少了。

稻谷期货交割费用见表 10－3～表 10－5。

表 10－3　　早籼稻交割费用表

交割手续费	1 元/吨			
仓储费	0.4 元/吨·天			
出入库费用	项目	出入库方式	主要作业内容	费用（元/吨）
入库费用	汽车运输	散粮	卸车，入库，入库检验等	9
		包装粮	卸车，拆包，入库，入库检验等	14
	铁路运输	包装粮	卸车，库内运输，拆包，入库，检验等	26
出库费用	汽车运输	散粮	出仓，装车等	9
		包装粮	出仓，灌包，装车等	19
	铁路运输	包装粮	出仓，灌包，库内运输，装车等	30

备注：轮船出入库费用，交割商品到达库房后或驶离前参照汽车出入库费用标准执行，其他环节的费用由货主和仓库协商解决。

表 10 – 4　　晚籼稻交割费用表

交割手续费	1元/吨			
仓储费	10月1日~4月30日　0.5元/吨·天（含保险费） 5月1日~9月30日　0.55元/吨·天（含保险费）			
出入库费用	项目	出入库方式	主要作业内容	费用（元/吨）
入库费用	汽车运输	散粮	卸车，入库，检验等	12
		包装粮	卸车，拆包，入库，检验等	16
	铁路运输	包装粮	卸车，库内运输，拆包，入库，检验等	40
出库费用	汽车运输	散粮	出仓，装车等	12
		包装粮	出仓，灌包，装车等	27
	铁路运输	包装粮	出仓，灌包，库内运输，装车等	45

备注：轮船出入库费用，交割商品到达库房后或驶离前参照汽车出入库费用标准执行，其他环节的费用由货主和仓库协商解决。

表 10 – 5　　粳稻交割费用表

交割手续费	1元/吨			
仓储费	10月1日~4月30日　0.5元/吨·天（含保险费等） 5月1日~9月30日　0.55元/吨·天（含保险费等）			
出入库费用	项目	出入库方式	主要作业内容	费用（元/吨）
入库费用	汽车运输	散粮	卸车，入库，检验等	11
	铁路运输	散粮	卸车，库内运输，入库，检验等	20
出库费用	汽车运输	散粮	出仓，装车等	11
	铁路运输	散粮	出库，库内运输，装车等	23

十三、交割违约如何处理?

(一) 确定交割违约行为

首先要确定哪些行为属于交割违约行为，郑州商品交易所规定具有下列行为之一的，构成交割违约：

1. 规定期限内，卖方未能如数交付标准仓单的或未能如数交付实物的；
2. 规定期限内，买方未能如数解付货款的；
3. 交易所认定的其他违约行为。

(二) 交割违约处理

对于粳稻和晚籼稻，构成交割违约的，由违约方支付违约部分合约价值(按交割结算价计算) 20% 的违约金给守约方。买卖双方终止交割。

对于早籼稻，构成交割违约的，由违约方支付违约部分合约价值(按交割结算价计算) 10% 的违约金。

交易所于违约发生当日上午 9：30 以前通知违约方和对应的守约方。守约方应当在当日上午 10：30 以前将终止交割或者继续交割的选择意向书面递交交易所。逾期未递交选择意向的，交易所按终止交割处理。

违约金支付后，根据违约主体的不同另行处理。

1. 卖方交割违约的，买方可作如下一项选择：

(1) 终止交割：交易所退还买方货款。

(2) 继续交割：交易所在认定卖方违约的下一交易日发布标准仓单征购公告，并在 7 个交易日内组织征购(征购价格不高于交割结算价的 110%)。征购成功，交易所支付给买方标准仓单；征购失败，卖方支付给买方违约部分(此处指征购失败部分)合约价值 10% 的赔偿金，交易所退还买方交割货款后终止交割。卖方承担因征购产生的一切经济损失和费用。

2. 买方违约的，卖方可作如下一项选择：

（1）终止交割：交易所退还卖方标准仓单；

（2）继续交割：交易所在认定买方违约的下一交易日发布标准仓单竞卖公告，并在7个交易日内组织竞卖（竞卖价格不低于交割结算价的90%）。竞卖成功，交易所支付给卖方交割货款；竞卖失败，买方支付给卖方违约部分（此处指竞卖失败部分）合约价值10%的赔偿金，交易所退还卖方标准仓单后终止交割。买方承担因竞卖产生的一切经济损失和费用。

买卖双方同时违约的，交易所按终止交割处理，并对双方分别处以违约部分合约价值5%的罚款。

会员发生部分交割违约时，违约会员所接标准仓单或者所得货款可用于违约处理。

十四、稻谷仓单有效期是怎样规定的？

早籼稻标准仓单有效期：N年8月1日起注册的标准仓单，有效期至N+1年7月最后一个工作日（含该日）。

晚籼稻、粳稻标准仓单有效期：N年10月1日起注册的标准仓单，有效期至N+1年9月最后一个工作日（含该日）。

十五、稻谷期货的期转现是如何操作的？

稻谷的期货转现货，是指持有同一稻谷品种同一交割月份合约的多空双方之间达成现货买卖协议后，变期货部位为现货部位的交易。假设有甲、乙两个客户，分别持有相同数量的晚籼稻LR1411合约的多头和空头，双方都有提前交割的意向，即可采用期转现的方式提前实现交割，而不必等到LR1411合约最后交易日进行配对交割。自LR1411合约上市之日起到2014年11月最后交易日期间，均可进行期转现操作。期转现平仓价格与仓单转让价格一般相同，仓单转让价格用于货款结算及买卖双方开立和接受增值税专用发票，而协议平仓价则是双方约定的期货合约平仓价格，达成协议当天交易所为买卖双方平仓。

期转现流程：

（1）期货合约自上市之日起到该合约最后交易日期间均可进行期转现，粳稻最后交易日下午不交易，交易所当日不办理相应的期转现业务。

（2）买卖双方可以通过交易所会员服务系统发布期转现意向。持有同一交割月份合约的买卖双方达成协议后，在每个交易日的下午2：30之前向交易所提交期转现申请。

（3）交易所批准后，期转现的买卖双方持有的期货持仓，由交易所在审批日的下午闭市之后，按买卖双方达成的平仓价格平仓。买卖双方达成的平仓价格应当在审批日合约价格限制的范围内。

（4）用标准仓单进行期转现，可由交易所进行货款划转。买方提交期转现申请前应当有20%以上的货款，货款不足的不予批准或者办理；期转现申请批准后的下一交易日，交易所为平仓成功的期转现买卖双方办理仓单过户；增值税专用发票由卖方客户向买方客户按照双方商定的交货价格开具，买方收到卖方开具的发票后才能将全部货款转给卖方；买卖双方的相应持仓平仓后，办理标准仓单过户手续时，卖方未能如数交付标准仓单或者买方未能如数解付货款的，由交易所按照买卖双方达成的交货价格代扣违约方违约部分20%的违约金支付给守约方。

（5）买卖双方各自负担标准仓单期转现中仓单转让环节的手续费（1元/吨）。

案例10－5

某粮食加工企业需在5月中旬采购一批2009年产早籼稻用于完成大米订单，但自新年以来，市场上大宗早稻采购基本以2008年临储早稻拍卖为主，无法达到企业采购标准。企业遂向其所在期货公司打听通过期货交割获得早籼稻是否可行。方案是可行的，该企业便于4月20日在5月合约上建立多头头寸，均价为1 906元/吨。鉴于该企业采购比较紧急，而临近该公司的交割库又有很多仓单，故建议采取期转现的方式加快采购进度。期货公司为其发布了期转现信息，顺利地找到了仓单卖方，且其刚好持有早籼稻5月合约空头。粮食加工企业与仓单卖方就期货达成协议平仓价格1 915元/吨，同时以1 909元/吨价格转让仓单。两企业顺利完成期货转现货的交易，买方提前获得了质量可靠的早籼稻，保证了生产的顺利进行，而卖方则提前卖出了早籼稻，既节约了仓储费，又可以提前回笼货款，买卖双方达到共赢的效果。

双方期转现流程协商及操作流程如下：

（1）4月底到5月合约最后的交割日还有近1个月的时间，1吨早籼稻仓储费加利息大致在20元/月，通过双方协议，卖方不用为此贴水给买方，卖方节省了一笔不小的费用。

（2）因为当天盘中价格为1 906元/吨左右，而前一交易日结算价格为1 924元/吨，两者价格相差18元/吨，双方协商采用折中价格1 915元/吨协议平仓，同时采用该价格转让仓单。

（3）增值税开票价格此时即为仓单转让价格，增值税开票价格主要涉及税务成本，但一般相差额度较小，所以双方在进行商议时不必刻意在增值税发票上过于为难。

在确定了期货协议平仓价和仓单转让价格之后，买卖双方分别填写《期转现授权书》，授权所在期货公司帮助其进行期转现。期货公司接到期转现授权书后，填写《期货转现货协议（审批）表》，内容包括期转现数量、仓单类型、期货协议平仓价、转让仓单价等内容，同时在下午2：30之前向期货交易所递交期转现申请。期货交易所受理后，将买卖双方盘面持仓以议定的期货协议平仓价格平仓。第二个交易日，期货交易所给第一个交易成功协议平仓的期转现买卖双方办理仓单过户手续。

交易所收取买方会员全额货款后，将全额货款的80%划转给卖方会员，同时将卖方会员的仓单交付买方会员。余款在买方会员确认收到卖方会员转交的增值税专用发票时结清。

十六、稻谷标准仓单什么时候可以注销，怎样注销？

标准仓单注销是指标准仓单持有人直接或者委托会员到交易所办理标准仓单提货手续的过程，在标准仓单的到期日前必须注销。到期日前未办理注销手续的，交易所可在到期日将其注销，由此造成的一切损失，由标准仓单持有人承担，交易所不保证全部交割商品质量符合规定标准。假设某一客户持有一张 2015 年 9 月 30 日到期的晚籼稻标准仓单，在该日之前，他必须办理仓单注销手续，否则造成的损失由他个人承担。当然，标准仓单持有人也可以在到期日之前的任一日期向交易所申请注销仓单。

标准仓单注销流程：

(1) 客户注销标准仓单应当通过会员向交易所提交标准仓单注销申请。

(2) 标准仓单注销时，交易所结算部门办理仓单升贴水结算，交易所交割部门开具《提货通知单》。

(3) 客户办理提货手续前，会员或客户应及时编制《提货通知单》验证密码，《提货通知单》验证密码为提货必备要件。

(4) 早籼稻、晚籼稻适用通用标准仓单，需要提货的，交易所根据会员申请及仓库或厂库的具体情况，确定《提货通知单》对应的商品。

(5) 自交易所开出《提货通知单》之日起 10 个工作日内，《提货通知单》持有人应当凭《提货通知单》验证密码、提货人身份证、提货人所在单位证明到仓库或厂库办理提货手续、确认商品质量、确定运输方式、预交各项费用。

《提货通知单》持有人在提货期内向交易所提出商品质量复检申请的，自交易所收到申请之日起，《提货通知单》持有人的提货期间停止计算，待复检结果通知《提货通知单》持有人之日起重新计算。

逾期未办理相关手续的，按现货提货单处理，仓库不再保证全部商品质量符合规定标准；厂库不再保证按期货规定承担日发货速度等责任，具体提货事宜由货主与厂库自行协商。

十七、稻谷出库怎么办理？

由于稻谷期货中早籼稻采用的是仓库交割，晚籼稻和粳稻采用的是仓库和厂库交割，所以在出库方面分仓库交割商品出库和厂库交割商品出库。

（一）仓库交割商品出库

1. 交割商品出库的重量检验由货主与仓库共同实施，具体办法同入库规定。

2. 货主提供运输工具的，自货主凭《提货通知单》与仓库联系出库事宜、运输工具到达仓库之日起，仓库开始发货，并停止收取已装运货物的仓储费。货主委托仓库代办运输的，自客户凭《提货通知单》与仓库联系出库事宜、指定运达地点并预交各种费用（包括铁路代办费、港杂费等）之日起；仓库不能在规定时间内（汽车、船舶 10 日，火车 20 日）发出商品的，不得再收取其后的仓储费。

由于货主变更发货方式、提货手续不全、费用未按时交纳、特殊要求等原因，致使商品装运推迟的，不受前款限制。

3. 出库时，稻谷水分减量部分由交割仓库承担，非水分减量部分，仓库应及时补足。不能及时补足的，仓库按《提货通知单》开具日之前（含当日）该品种期货最近交割月最高交割结算价核算短少商品价款，赔偿货主。晚籼稻出库时，垩白粒率不高于入库检验结果所在等级 5 个百分点（含）的，视同合格。

4. 如果仓单持有人对出库商品质量有异议的，自《提货通知单》开具之日起 10 个工作日内，可向交易所申请一次复检，并预交复检费用。

未在规定时间内提出异议的，视为确认出库商品质量。交易所不受理超出规定时间或者已经出库的交割商品的质量和数量复检，不承担由此产生的一切责任。

（二）厂库交割商品出库

1. 货主与厂库办妥提货手续之日起，3 个日历日内开始发货，货主与厂库自行协商的除外。货主可自行到库提货或委托厂库代为发运。

由于货主变更发货方式、发货时间、提货手续不全、费用未按时交纳、其他特殊要求等原因，致使发货推迟的，不受前款限制。

2. 交割商品重量验收由提货人与厂库共同实施，以厂库检重为准，足量出库。出库数量发生短少的，厂库应及时补足。不能补足的，厂库按《提货通知单》开具日（含当日）之前该品种期货最近交割月最高交割结算价核算短少商品价款，赔偿货主。

提货人在货物交收时应到交收地点监发，未到场监发的，视为对货物重量没有异议。

3. 晚籼稻、粳稻出库时，厂库应与货主共同抽取样品，货主对检验结果无异议的，厂库方予以发货。货物实际质量指标与仓单标示质量指标不一致但在交易所规定的质量差异允许范围内的，客户应当接受，质量差异升贴水由厂库与客户按照交易所规定的标准自行结算。厂库须保证期货商品的质量符合交易所规定的交割标准，双方协商一致的除外。

4. 货主办理提货手续时，应就发货速度及最后完成出库时间与厂库协商一致；协商不成的，厂库应按照交易所批准的日发货速度发货。

5. 货主交割商品重量、质量有异议的，首先与厂库协商解决。协商不成的，可向交易所申请一次复检，并预交复检及相关费用。重量和质量异议应在货物出库前提出。

未在规定时间内提出异议的，视为确认出库商品的重量或质量。交易所不受理超出规定时间的交割商品的质量复检，不承担由此产生的一切责任（见图 10－4）。

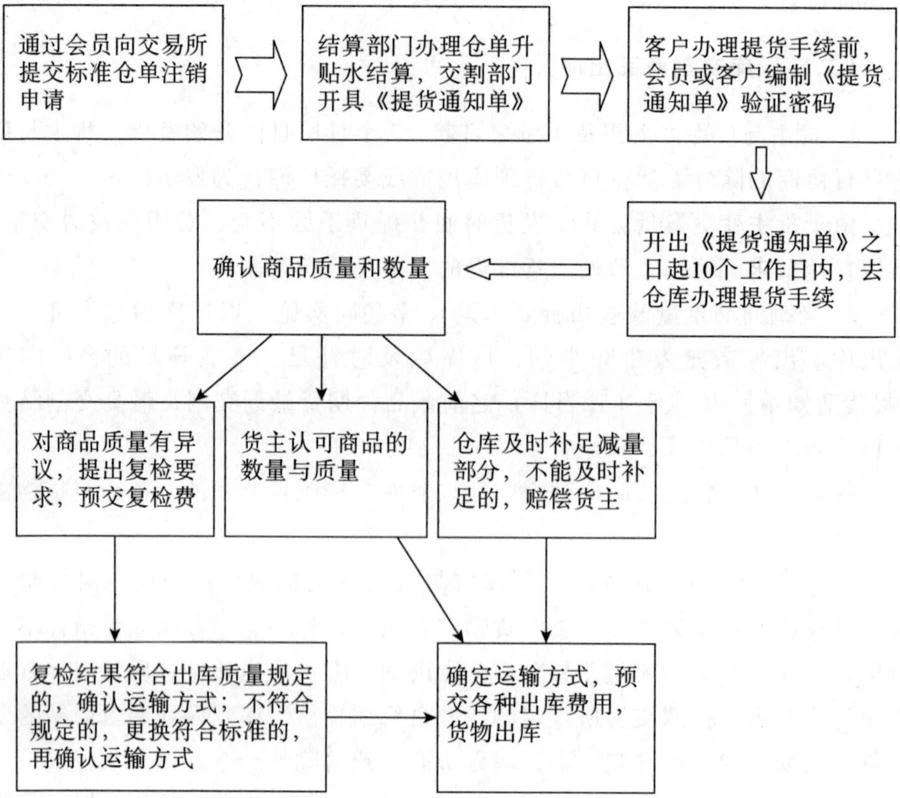

图 10-4 稻谷标准仓单注销和出库流程图

十八、期货仓单能作为有价证券转换资金吗？

期货仓单可以作为有价证券转换资金，方法有下列三种：

（一）折抵保证金

仓单折抵保证金，只有相应的空头持仓的保证金不再收取，不收取手续费。

（二）充抵保证金

仓单冲抵保证金，最高可充抵合约价值的80%，且和现金有配比要求，充抵保证金和现金配比比例为4∶1，不能高于此比例。如果保证金量计算高出现金的4倍，那么只能按照现金的4倍来释放。收取手续费，费用按年利率1.8%收取。

（三）质押贷款

标准仓单质押贷款就是仓单持有人通过一定的方式向银行贷款，该贷款的目的是用于仓单持有人所在企业的生产经营。质押贷款期限最长1年，且不得超过标准仓的有效期。标准仓单质押不能展期。利率按照同档次商业贷款利率执行，因办理质押贷款过程产生的其他费用由借款人承担。目前可以办理郑州交易所质押贷款业务的银行有中国建设银行、交通银行、光大银行、招商银行、民生银行、深圳发展银行、广东发展银行。

案例 10－6

某法人客户于2009年8月中旬注册了早籼稻期货仓单120张（1 200吨），占用资金234万元，客户为充分提高资金使用率，提出要让手头上的仓单发挥用途。根据郑州商品交易所的规定，客户有三种选择：一是仓单折抵保证金；二是仓单充抵保证金；三是仓单质押贷款。考虑到客户手头持有早籼稻0909合约的300手空头头寸，随着交割月份临近，保证金不断提高，客户账户上资金不够充裕，遂提出仓单折抵保证金的方案。因为该合约到了交割月份，保证金提高到了30%，办理了仓单折抵保证金手续后，交易所让其相应数量（120手）的9月合约空头头寸免收保证金。9月中旬，该客户选择较好的价位把240手合约平仓。9月合约最后交易日结束交易后，仓单折抵保证金也到期结束，该客户交割60手，手上还有60张仓单。该客户继续提出办理早籼稻仓单充抵保证金，按早籼稻1001合约价值的75%比例获得90万元保证金，然后在远月合约早籼稻1001合约上逐步建仓。

十九、仓单可以转让吗？

标准仓单的转让是指会员自行协商买卖标准仓单的行为。交易所受理标准仓单转让的时间为每个工作日交易时间的下午 2：30 之前。最后交易日，交易所不办理粳稻标准仓单转让业务。

（一）条件

处于冻结状态和充抵保证金状态的标准仓单不能流通。客户的标准仓单的流通应当委托会员办理，以会员名义在交易所进行，流通结果由客户承担。

（二）具体流程

1. 客户的标准仓单转让须委托会员办理；
2. 达成转让意向的买卖双方会员应当向交易所提交标准仓单转让申请；
3. 交易所对标准仓单转让申请审核后，为买卖双方会员办理标准仓单过户和货款结算划转等手续；
4. 标准仓单转让的货款划转及增值税专用发票的开具和传递同交割流程增值税专用发票的开具和传递；
5. 稻谷期货标准仓单转让手续费标准为 1 元/吨。

案例 10－7

早籼稻仓单转让

2010 年 10 月起早籼稻期货价格快速上涨，持有期货空头头寸的企业决定尽快建立仓单以保护自身空头头寸，然而早籼稻现货市场的收购在 10 月已基本结束，想要在现货市场收粮注册仓单的难度加大，而且注册所需的时间较长，空头存在时间风险，此时早籼稻仓单转让业务开始受到关注。持有仓单就要让其物尽所值，大部分的早籼稻仓单都处于充抵保证金状态，这时候进行仓单转让就需要解除仓单充抵保证金，否则申请日下一交易日交易所办理标准仓单过户时，卖方就不能如数交付仓单，交易所将对违约方进行处罚，以所缺仓单交货价格的20%作为违约金交予守约方。当然买方若未能付足货款，也会受到交易所同样的处罚。

自测题

一、单项选择题

1. 下列（　　）市场参与者可以进行早籼稻期货交割。

A. 一般纳税人

B. 税务局代开发票的小型纳税人

C. 能开具和接收增值税发票的人

D. 都可以

2. 稻谷期货合约最后10个交割日结算价的（　　）是交割结算价。

A. 算数平均价　　B. 加权平均价

C. 几何平均价　　D. 中位数价格

3.（　　）状态下的仓单可用于期货交割。

A. 充抵保证金　　B. 折抵保证金

C. 质押状态　　D. 流通状态

二、填空题

1. 稻谷标准仓的生成流程：＿＿＿＿＿＿、＿＿＿＿＿＿、＿＿＿＿＿＿、交割仓库申请注册及交易所办理注册等。

2. 稻谷标准仓单可通过办理标准仓单充抵保证金、＿＿＿＿＿＿、＿＿＿＿＿＿三种措施来缓解资金压力，有效利用仓单。

三、判断题

1. 稻谷期货套期保值申请获得交易所批准后，交易所不再收取客户交易保证金。 （ ）

2. 进入交割月，若一直没有卖方客户提出交割申请，那么买方客户在最后交易日之前都无法进行稻谷期货交割。 （ ）

3. 客户持有晚籼稻期货标准仓单，就可以到任意一家晚籼稻期货交割仓库提取晚籼稻。 （ ）

4. 早籼稻期货基准交割仓库在江西和湖南。 （ ）

5. 稻谷入库质量检验及费用都由交割仓库负责。 （ ）

参考答案

一、单项选择题

1. D　2. A　3. D

二、填空题

1. 交割预报、入库验收、质量检验
2. 仓单折抵保证金、仓单质押贷款

三、判断题

1. ×　2. √　3. √　4. √　5. √

附录

一、2004年以来国务院关于稻谷最低收购价的文件

（一）2004年早籼稻最低收购价执行预案

第一条　根据《粮食流通管理条例》和《国务院关于进一步深化粮食流通体制改革的意见》（国发〔2004〕17号），以及《国务院关于抓好粮食生产做好粮食市场供应工作的紧急通知》（国发〔2004〕9号）精神，制定本预案。

第二条　在早籼稻主产区江西、湖南、湖北、安徽4省早籼稻上市后，当市场价格低于公布的最低收购价每市斤0.7元时，执行本预案。

其他早籼稻产区由省级人民政府制定本地区早籼稻最低收购价格执行预案。

第三条　早籼稻的最低收购价每市斤0.7元，是指三等质量标准的早籼稻，具体标准为杂质1%以内，水分13.5%以内，出糙率75%以上。最低

收购价是指承担向农民直接收购库点的收购价。

非标准品的早籼稻具体收购价格水平，根据水分、杂质、等级等情况，按照《国家计委、国家粮食局、国家质检总局关于发布〈关于执行粮油质量标准有关问题的规定〉的通知》（国粮发〔2001〕146 号）有关规定执行。相邻等级之间等级差价按每市斤 0.02 元掌握。

第四条　在早籼稻主产区执行最低收购价格的收购企业为中储粮总公司及其分公司、主销区省级储备粮公司和主产区省级储备粮公司。具体名单由北京、天津、上海、江苏、浙江、福建、广东、海南 8 个主销区和江西、湖南、湖北、安徽 4 个主产区省级人民政府及中储粮总公司提出报国家粮食局审定后向社会公布，并报国家发展改革委、财政部和农业发展银行备案。

其他早籼稻产区执行最低收购价格的收购企业由当地省级人民政府指定。

第五条　在早籼稻上市后，当市场价格低于每市斤 0.7 元时，由国家粮食局责成中储粮总公司和地方储备粮公司按每市斤 0.7 元的最低收购价格，在江西、湖南、湖北、安徽 4 省早籼稻主产区挂牌收购农民交售的早籼稻，以使稻谷价格稳定在最低收购价格以上。

第六条　委托的粮食收购企业应合理布点，方便农民售粮；应当具备良好的仓储设施、较高的管理水平和良好的信誉。

第七条　在市场价格低于最低收购价格的情况下，8 个主销区地方储备粮未达到核定的销区 6 个月地方储备数量时，地方储备粮公司不得停止按每市斤 0.7 元收购的行为。

第八条　各地粮食行政管理部门要引导和鼓励所有取得粮食收购资格的经营者按不低于最低收购价水平的市场价格积极收购农民交售的稻谷。

第九条　中央储备轮入稻谷的价格，以及粮食主销区从主产区调运充实地方储备和轮换地方储备稻谷的价格，应不低于国家规定的最低收购价加合理费用。

第十条　在主产省早籼稻市场价格回升到国家规定的最低收购价格以上时，中储粮总公司可以停止按最低收购价收购早籼稻，并及时报告国家发展改革委、财政部、农业部、国家粮食局、中国农业发展银行。

第十一条　执行最低收购价的企业按最低收购价收购早籼稻所需贷款，

由农业发展银行按照国家规定的最低收购价格和合理收购费用及时足额发放。合理收购费用为每市斤2.5分（含县内集并费），由中央财政对中储粮总公司包干使用。

第十二条　执行最低收购价的地方储备粮企业收购的早籼稻，其贷款利息和有关收购、保管费用按现行规定，由省级人民政府从粮食风险基金中列支。销售后要及时足额归还农业发展银行贷款，亏损在粮食风险基金中支付。

广西自治区执行最低收购价收购的早籼稻在本区内顺价销售，发生的利息、费用补贴及盈亏在省级粮食风险基金中列支，必要时由中央财政适当补助。

第十三条　中储粮总公司和有关省粮食局每周二将执行最低收购价的企业上周按最低收购价收购的早籼稻数量报告国家粮食局。

第十四条　早籼稻最低收购价执行情况，分别由中储粮总公司和省级粮食行政管理部门于终止执行最低收购价格收购的一个月内报告国家发展改革委、财政部、农业部、国家粮食局、中国农业发展银行。

第十五条　中储粮总公司所属企业及受托企业收购的早籼稻，由中储粮公司负责就地临时储存，一般情况下不进行跨县集并，择机按市场价格销售，公开拍卖，单独核算，盈利上缴中央财政，亏损由中央财政负担。在储存期间的保管费用和利息由中央财政支付。

地方储备粮公司按最低收购价收购的早籼稻，主要用于充实地方储备。在停止早籼稻最低收购价收购后，如8个主销区地方储备数量仍未达到国家核定规模时，其不足部分由国家发展改革委、财政部、国家粮食局督促从中储粮总公司按最低收购价收购的早籼稻中补足。

第十六条　执行最低收购价的企业，要按时结算农民交售早籼稻的价款，不得给农民打白条，不得压级压价和代扣各种收费，不得将农业发展银行贷款挪作他用。按最低收购价收购的早籼稻销售后及时归还农业发展银行贷款。对违反规定的，由当地工商、物价、粮食、农业发展银行等有关部门按照《价格法》、《粮食流通管理条例》等有关规定查处。

第十七条　中储粮总公司根据早籼稻各主产区具体情况，提出入市收购的具体方案，并尽快提出早籼稻4个主产省收购库点名单报国家粮食局审定。在早籼稻市场价格低于每市斤0.7元时，及时按国家粮食局的指令入市收购，目标是把早籼稻收购价维持在不低于每市斤0.7元。国家粮食局负责监督检查早籼稻最低收购价政策的落实，在市场价格低于每市斤0.7元时，责成中储粮公司及地方储备粮公司入市收购；审定中储粮总公司和收购库点的布局，以及入市收购的具体方案；督促地方储备粮公司按国家要求承担执行最低收购价政策的责任，督促地方国有粮食企业按不低于最低收购价格水平积极组织收购。财政部负责对中储粮总公司按最低收购价收购、存储的早籼稻所需费用补贴问题做出规定，及时拨付应由中央财政负担的费用和利息补贴，会同有关部门研究执行最低收购价政策中发生亏损的解决办法，配合有关部门制定其他稻谷品种最低收购价的执行预案。农业发展银行负责向执行最低收购价任务的企业及时提供收购资金贷款；根据中储粮总公司及其分公司和地方储备粮公司收购库点的情况，具体提出收购资金供应方案和管理办法。农业部负责了解反映各地执行最低收购价政策情况，监测早籼稻市场价格，反映农民的意见和要求，维护农民的合法权益。国家发展改革委负责协调落实早籼稻最低收购价政策，监测早籼稻收购价格，会同国家粮食局宣传早籼稻最低收购价政策，会同有关部门研究拟定其他稻谷品种最低收购价政策执行预案。

第十八条　本办法由国家发展改革委、财政部和国家粮食局负责解释。

（二）国家发展和改革委员会　财政部　国家粮食局　农业发展银行关于公布2005年早籼稻最低收购价格的通知

（2005年3月1日　发改价格［2005］300号）

各省、自治区、直辖市发展改革委、物价局、财政厅（局）、粮食局、农业发展银行分行：

根据《中共中央国务院关于进一步加强农村工作提高农业综合生产能力若干政策的意见》（中发［2005］1号）精神，为充分发挥价格导向作用，调动农民种粮积极性，国家决定对重点粮食品种继续实行最低收购价。

经报请国务院同意，现通知如下：

早籼稻（三等）最低收购价格为每 50 公斤 70 元。在早籼稻市场价格高于每 50 公斤 70 元时，由取得收购资格的粮食经营企业按实际市场价格收购；在早籼稻市场价格低于每 50 公斤 70 元时，由国家委托能发挥主渠道作用的国有粮食经营企业按最低收购价格收购。中、晚籼稻和粳稻最低收购价格另行公布。

请各地将上述信息尽快下达到广大农村并向广大农民进行宣传。

（三）国家发展和改革委员会　财政部　国家粮食局　农业发展银行关于公布 2006 年稻谷和小麦最低收购价格的通知

（2006 年 2 月 27 日　发改价格［2006］315 号）

各省、自治区、直辖市发展改革委、物价局、财政厅（局）、粮食局、农业发展银行分行：

根据《中共中央国务院关于推进社会主义新农村建设的若干意见》（中发［2006］1 号）精神，为充分发挥价格导向作用，稳定发展粮食生产，保持合理的粮价水平，保护种粮农民利益，国家决定 2006 年在主产区对短缺的重点粮食品种继续实行最低收购价政策。经请示国务院同意，2006 年小麦（三等，下同）最低收购价为每 50 公斤白小麦 72 元、红小麦 69 元，早籼稻最低收购价为每 50 公斤 70 元，中晚籼稻最低收购价为每 50 公斤 72 元，粳稻最低收购价为每 50 公斤 75 元。

（四）国家发展和改革委员会　财政部　农业部　国家粮食局　中国农业发展银行关于公布2008年稻谷和小麦最低收购价格的通知

（2008年2月8日　发改电［2008］51号）

各省、自治区、直辖市发展改革委、物价局、财政厅（局）、农业厅（局）、粮食局、农业发展银行分行：

为贯彻落实《中共中央国务院关于切实加强农业基础建设进一步促进农业发展农民增收的若干意见》（中发［2008］1号），引导农民合理调整种植结构，促进粮食生产发展，保护农民种粮积极性，经报请国务院批准，2008年在稻谷、小麦主产区继续实行最低收购价政策，并适当提高2008年生产的稻谷和小麦最低收购价水平。其中，每50公斤早籼稻（三等，下同）由70元提高到75元；中晚籼稻由72元提高到76元；粳稻由75元提高到79元；白小麦由72元提高到75元；红小麦由69元提高到70元；混合麦由69元提高到70元。

（五）国家发展和改革委员会　财政部　农业部　国家粮食局　中国农业发展银行关于提高2009年稻谷最低收购价格的通知

（2009年1月24日　发改电［2009］19号）

各省、自治区、直辖市发展改革委、物价局、财政厅（局）、农业厅（局、委、办）、粮食局、农业发展银行分行：

为贯彻落实党的十七届三中全会精神，进一步加大对种粮农民的支持力度，保护农民种粮积极性，促进粮食生产发展，经国务院批准，决定从今年新粮上市起较大幅度提高2009年生产的稻谷最低收购价水平。每50公斤早籼稻（三等，下同）、中晚籼稻、粳稻最低收购价格分别提高到90元、92元、95元，比2008年均提高13元。

（六）国家发展和改革委员会　财政部　农业部　国家粮食局　中国农业发展银行关于提高2010年稻谷最低收购价格的通知

（2010年2月20日　发改电［2010］115号）

各省、自治区、直辖市发展改革委、物价局、财政厅（局）、农业厅（局、委、办）、粮食局、农业发展银行分行：

为贯彻落实十七届三中全会精神，进一步加大对种粮农民的支持力度，保护农民种粮积极性，促进粮食生产发展，经国务院批准，决定从今年新粮上市起适当提高主产区2010年生产的稻谷最低收购价水平。每50公斤早籼稻（三等，下同）、中晚籼稻、粳稻最低收购价格分别提高到93元、97元、105元，比2009年分别提高3元、5元、10元。早籼稻播种在即，各地要做好宣传工作，以调动农民种粮积极性，促进粮食生产稳定发展。

（七）国家发展和改革委员会　财政部　农业部　国家粮食局　中国农业发展银行关于提高2011年稻谷最低收购价格的通知

（2011年2月10日　发改电［2011］60号）

各省、自治区、直辖市发展改革委、物价局、财政厅（局）、农业厅（局、委、办）、粮食局、农业发展银行分行：

为保护农民种粮积极性，进一步促进粮食生产发展，国家继续在稻谷主产区实行最低收购价政策，并适当提高2011年最低收购价水平。经报请国务院批准，2011年生产的早籼稻（三等，下同）、中晚籼稻、粳稻最低收购价分别提高到每50公斤102元、107元、128元，比2010年分别提高9元、10元、23元。

（八）国家发展和改革委员会 财政部 农业部 国家粮食局 中国农业发展银行关于提高2012年稻谷最低收购价格的通知

（2012年2月2日 发改电［2012］17号）

各省、自治区、直辖市发展改革委、物价局、财政厅（局）、农业厅（局、委、办）、粮食局、农业发展银行分行：

为保护农民种粮积极性，进一步促进粮食生产发展，经国务院批准，决定从今年新粮上市起适当提高主产区2012年生产的稻谷最低收购价格。每50公斤早籼稻（三等，下同）、中晚籼稻、粳稻最低收购价格分别提高到120元、125元、140元，比2011年分别提高18元、18元、12元。早籼稻播种在即，各地要做好宣传工作，以调动农民种粮积极性，促进粮食生产稳定发展。

（九）国家发展和改革委员会 财政部 农业部 国家粮食局 中国农业发展银行关于提高2013年稻谷最低收购价格的通知

（2013年1月30日 发改价格［2013］193号）

各省、自治区、直辖市发展改革委、物价局、财政厅（局）、农业厅（局、委、办）、粮食局、农业发展银行分行：

为保护农民种粮积极性，促进粮食生产发展，经国务院批准，决定从今年新粮上市起适当提高主产区2013年生产的稻谷最低收购价水平。每50公斤早籼稻（三等，下同）、中晚籼稻和粳稻最低收购价格分别提高到132

元、135 元和 150 元，比 2012 年分别提高 12 元、10 元和 10 元。

鉴于当前正值春耕备耕期，各地要做好粮食最低收购价格政策宣传工作，调动农民种粮积极性，促进粮食生产稳定发展。

（十）国家发展和改革委员会　财政部　农业部　国家粮食局　中国农业发展银行关于提高 2014 年稻谷最低收购价格的通知

（2014 年 2 月 11 日　发改电［2014］34 号）

各省、自治区、直辖市发展改革委、物价局、财政厅（局）、农业厅（局、委、办）、粮食局、农业发展银行分行：

为保护农民种粮积极性，促进粮食生产发展，2014 年国家继续在粮食主产区实行最低收购价格政策，并适当提高最低收购价格水平。经国务院批准，2014 年生产的早籼稻（三等，下同）、中晚籼稻和粳稻最低收购价格分别提高到每 50 公斤 135 元、138 元和 155 元，比 2013 年分别提高 3 元、3 元和 5 元。2014 年小麦最低收购价格此前已向社会公布。

附表1　　2004～2014年稻谷最低收购价政策

年度	发布时间	早籼稻（元/吨）	早稻同比（%）	中晚籼稻（元/吨）	中晚籼稻同比（%）	粳稻（元/吨）	粳稻同比（%）
2004年		1 400					
2005年	2005年3月1日	1 400	0.00	1 440		1 500	
2006年	2006年2月27日	1 400	0.00	1 440	0	1 500	0.0
2007年		1 400	0.00	1 440	0	1 500	0.0
2008年	2008年2月8日	1 540	10.00	1 580	10	1 640	9.3
2009年	2009年1月24日	1 800	16.88	1 840	16	1 900	15.9
2010年	2010年2月20日	1 860	3.33	1 940	5	2 100	10.5
2011年	2011年2月10日	2 040	9.68	2 140	10	2 560	21.9
2012年	2012年2月2日	2 400	17.65	2 500	17	2 800	9.4
2013年	2012年1月30日	2 640	10.00	2 700	8	3 000	7.1
2014年	2014年2月11日	2 700	2.27	2 760	2	3 100	3.3

资料来源：国家发展和改革委员会，瑞奇期货。

二、中央储备粮油轮换管理办法（试行）

中央储备粮油轮换管理办法（试行）

（2001 年 12 月 29 日　国粮调［2001］209 号）

为保证中央储备粮油质量和储存安全，做到储备粮油轮换的制度化、规范化，实现储备粮油管理的良性循环，达到管住管好、保质保值、结构优化、布局合理的目的，根据国家有关法律、法规和国家粮油政策以及国务院有关文件规定，制定本办法。

一、轮换粮油品质的控制

中央储备粮油的轮换，是指在储备规模不变的情况下，为保持中央储备粮油品质符合国标规定，经营管理中央储备粮油的单位根据中央储备粮油的品质检查认定结果，按照国家计划，以新粮油替换库存粮油。品质认定以粮油储存品质控制指标作为依据，以储存年限作为参考。

（一）品质检测

中央储备粮油必须达到国标规定的各项指标。粮食质量符合国标规定的中等（含）以上标准，食油质量符合国标规定的二级（含）以上标准。中央储备粮油轮换前必须经过检测，品质检测按照国家粮食局、原国家质量技术监督局《关于印发〈粮油储存品质判定规则〉的通知》（国粮发［2000］143 号）的有关规定执行。

（二）储存年限（以生产时间计算）

长江以南地区：稻谷 2～3 年；小麦 3～4 年；玉米 1～2 年；豆类 1～2 年。

长江以北地区：稻谷 2～3 年；小麦 3～5 年；玉米 2～3 年；豆类 1～2 年。

食油 1～2 年。

对储存条件差的取低值，储存条件好的取高值。地下库粮油的储存时间，可根据质量情况酌情延长。

（三）定期检查

中央储备粮油质量管理工作，在国家粮食局的监督指导下，按照《粮油质量管理办法》的规定，由中国储备粮管理总公司（以下简称中储粮总公司）负责。中央储备粮油执行定期质量检查制度和质量报表制度。质量检查由中储粮总公司负责组织，每年检查两次，检查结果由中储粮总公司以统一的质量报表汇总后，于每年5月末、11月末报国家粮食局、财政部等有关部门。国家粮食局、财政部可根据情况对储备粮油质量组织抽查。

（四）品质认定

每次质量检查后，根据《粮油储存品质判定规则》的规定，对储备粮油品质做出评价，将质量检查结果分为宜存粮油、不宜存粮油和陈化粮油三个类别。

二、中央储备粮油轮换审批权限、程序和责任

（一）中央储备粮油轮换实行计划管理。中央储备粮油的轮换以质量检查结果为依据，对不宜存的粮油，必须进行轮换；对宜存粮油中接近品质控制指标或超过储存规定年限的，也要按照先入先出、均衡轮换、降低费用的原则进行轮换。按照每年轮换一定比例（总量的20%~30%）的储备粮油库存总量的原则和库存粮油质量情况，中储粮总公司在每年11月底前提出下年度轮换计划（分省、分品种）报国家粮食局、财政部、中国农业发展银行，国家粮食局等有关部门综合平衡后在12月底前将轮换计划下达给中储粮总公司。中储粮总公司负责每半年将轮换计划执行情况报国家粮食局等有关部门。

（二）中储粮总公司负责中央储备粮油轮换计划的组织实施。根据年度轮换计划，中储粮总公司安排下达分批、分省、分品种计划，并报送国家粮食局、财政部和中国农业发展银行备案。

（三）中储粮总公司对中央储备粮油质量负责。因未及时申报轮换（串换）计划，或者下达的轮换（串换）计划没有落实而导致粮油陈化的，造成的损失由中储粮总公司承担，并追究有关人员责任。国家粮食局、财政部

适时组织对轮换情况进行检查。

（四）中央储备粮油的轮空期最长不超过4个月，如遇特殊情况，在粮油轮出后，4个月还不能轮入的，须向国家粮食局、财政部报告，否则按照擅自动用中央储备粮油处理。

（五）中储粮总公司在实际轮换中，应严格执行国家计划和有关规定，如确需调整计划，须报国家粮食局、财政部、中国农业发展银行审批，国家粮食局等有关部门应在15个工作日内批复。需审批的事项包括：

1. 不同品种粮油的串换；

2. 根据市场情况及轮换需要，对确需超过4个月轮空期的；

3. 变更国家下达的轮换计划；

4. 中储粮总公司认为有利于提高储备粮质量，但又超越国家计划和有关规定的轮换事项。

（六）未经批准自行决定轮换（串换）的，视同擅自动用中央储备粮油处理。

（七）国家粮食局、财政部、中国农业发展银行要按其职能及时审批并下达轮换计划，及时拨补轮换费用和提供轮换资金，保证轮换工作的顺利进行。

三、中央储备粮油轮换的主要形式

（一）结合粮油进出口实现中央储备粮油的轮换。国家根据宏观调控和国际市场行情等因素安排粮油进出口计划。在执行落实粮油进出口计划时，应尽可能按推陈储新的原则进行，以促进中央储备粮油的轮换。

（二）同品种等量轮换。在国家未安排储备粮油收购和销售计划，或安排的储备粮油购销计划不能满足轮换需要的情况下，可以进行同品种等量轮换，即在储备规模、品种不变的前提下，采取先销后购或先购后销的方式，实现储备粮油的轮换。

（三）不同品种的等量串换。应按照有利于优化结构、保值增值的原则进行。

四、轮换的有关财务和统计处理

（一）中储粮总公司在按规定的补贴费用标准包干后，对中央储备粮油的轮换自负盈亏（不含进出口轮换）。轮换发生的盈利，应主要用于改善粮食的保管及用作今后轮换的风险准备；轮换产生的亏损由企业自行承担消化。

（二）中央储备粮轮换费用含在财政部对中储粮总公司的包干费用中，财政部按季预拨，在规定的轮空期间，储备粮油的费用补贴照常拨付。财政部对轮换费用实行总额控制，年终清算。中储粮总公司在财政部规定的金额及使用范围内，制定不同品种、不同地区轮换费用补贴标准，并根据轮换需要，分批拨付轮换费用，轮换费用标准及轮换费用拨付情况需报财政部备案。年终财政部按实际轮换数量和轮换费用标准对总公司进行清算，核销当年轮换费用支出。未轮换的，资金结转下年使用。财政部会同有关部门根据总公司报送的轮换情况进行检查，对虚报轮换、套取补贴的给予相应的处罚。实行包干后，中储粮总公司对保管费、轮换费、公司经费必须分开管理，单独记账，不能混用混管。

（三）除结合进出口轮换外，中央储备粮油轮换采取成本不变、实物兑换，即轮入的粮油按照轮出粮油的入库成本记账。

（四）结合进出口实现中央储备粮油轮换，实行单独的财务处理政策。具体财务处理方式，原则上采取成本不变，实物兑换。另外也可采取进口轮入和轮出分别核算的方式，即对轮入的进口粮油由财政部根据购进价及有关费用重新核定入库成本，对轮出的粮油实行竞卖等方式公开销售，相应结转轮出粮油的原库存成本。根据进出口的需要，由财政部会同有关部门另行确定财务处理方式及进出口轮换盈亏负担办法。

（五）中央储备粮油的损失损耗处理问题按国家有关规定执行。

（六）中央储备粮油的轮换，要按中央储备粮油统计制度的有关规定在统计报告中单独反映，中储粮总公司负责设立储备粮油轮换台账，准确、动态反映储备粮油轮出、轮入的数量及轮空期。如不能按要求提供有关数据，财政部将停止拨付轮换费用，中储粮总公司承担相应的责任。

五、轮换资金管理

（一）中央储备粮油进出口、轮换所需资金，由中国农业发展银行开户行根据中储粮总公司或分公司下达的分批、分库点轮换计划和国家规定的价格政策，按照“库贷挂钩、封闭管理”的原则，发放贷款。轮换贷款发放和管理的具体事宜由中国农业发展银行商中储粮总公司另行规定。

（二）中储粮总公司使用国家拨入的专项资金进行轮换，应严格按财政部财建［2000］939号文件规定，确保资金的保值增值，不得将轮换风险转嫁到国拨专项资金。

中储粮总公司可根据本办法制定实施细则，并报国家粮食局、财政部、中国农业发展银行备案。

本办法自2002年1月1日起试行，由国家粮食局、财政部、中国农业发展银行负责解释。

三、美国大米生产者财政支持政策介绍

无追索权市场行销支持贷款

为了保护农民利益和支持水稻生产，美国政府为本国的稻农提供财政支持，无追索权市场行销支持贷款（MALs）就是一种财政支持工具。2008年，美国农业法案重新批准了这项财政支持政策，使得在2008～2012年间种植小麦、玉米、水稻、大豆等粮油作物的美国农民可得到政府的财政支持。无追索权市场行销贷款，可使农民在收获水稻后，手头可获得充足的现金流，以避开农产品在收获后可能出现的季节性压力，选择较好的时机出售水稻。有了政府的财力支持，农民可以在下一个作物生产年度开始之前，从容应对市场。

对于稻农来说，申请了上述贷款，必须将收获的水稻作为贷款抵押物获得贷款，贷款数额为“贷款基准价格”（loan rate，国内称贷款率）乘以申报抵押物数量，贷款到期通常为下一个生产年度开始前。贷款执行机构——美国商品信贷公司（CCC）对于水稻种植者的贷款归还到期日定为每年的5月31日。按照贷款条款规定，水稻种植者归还贷款有两种情形：“市场标准价格”高于“贷款基准价格”时，还贷数额是贷款基准价乘以贷款抵押物申报数量并且加上一定利息，这种利息比一般市场利息要低。当市场标准价格低于贷款基准价格时，市场标准价格与贷款基准价的差额部分不必归还，由政府承担。结果，对于前者来说是获得低息贷款；对于后者，价格差部分的性质已变，实际上是获得了政府补贴。在贷款操作过程中，市场标准价格的认定由权威机构做出，并且有一套严格的程序和标准。贷款基准价格在国内被理解为美国的农产品保护价。

对于符合贷款条件的农民，还有一种方式可得到政府的财政支持，即在收获水稻后，放弃贷款申请，在市场标准价格低于贷款基准价格时，按两者的差，申请差额补贴（LDP），当然，这种补贴也只有在市场标准价格低于贷款基准价格时才能获得。这种补贴是一次性的，申请这种补贴，意味着承担了机会损失的风险，理论上，当获得补贴时的市场价格最低，才是最有利的。

美国 2009 ~2012 年农业部公布的大米贷款基准价格为 6.5 美元/英担，稻谷市场标准价格由美国农业部每周公布一次。

四、稻谷相关图表

附图 1　郑州商品交易所稻谷期货指数图

附图 1（a）　郑州商品交易所早籼稻期货指数图

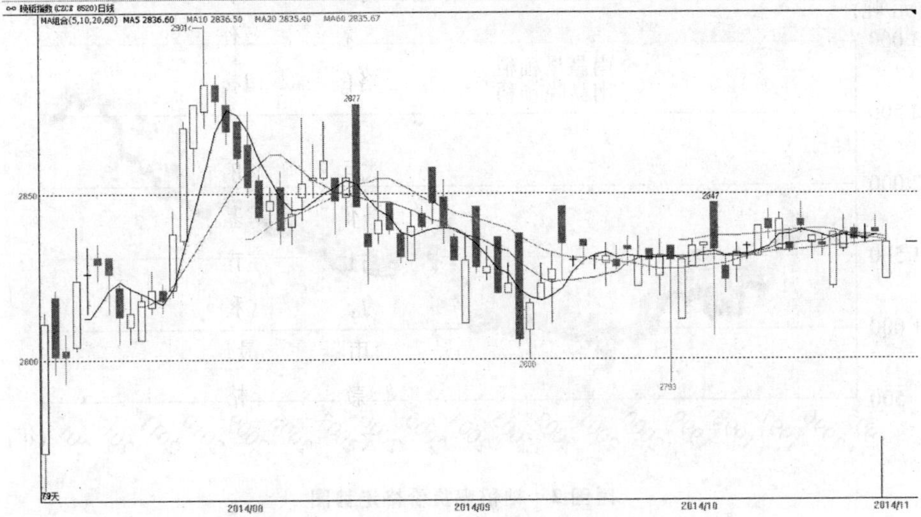

附图1（b）　郑州商品交易所晚籼稻期货指数图

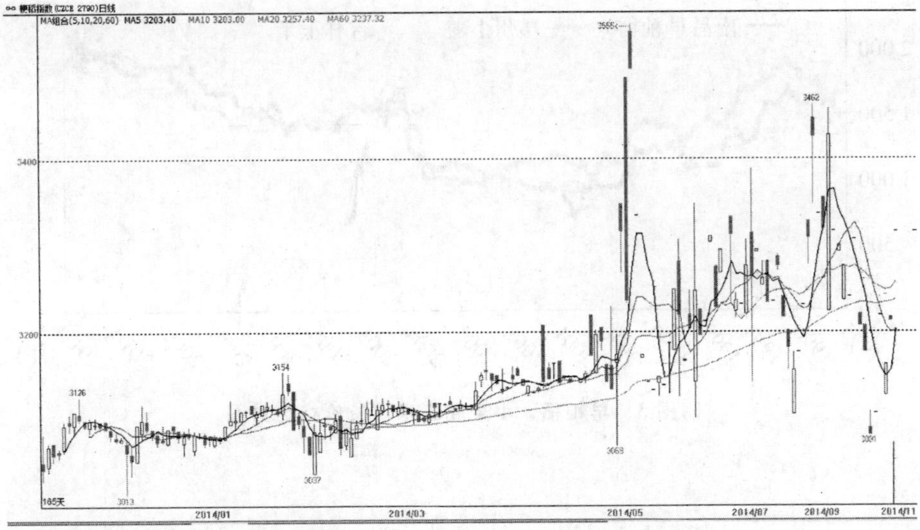

附图1（c）　郑州商品交易所粳稻期货指数图

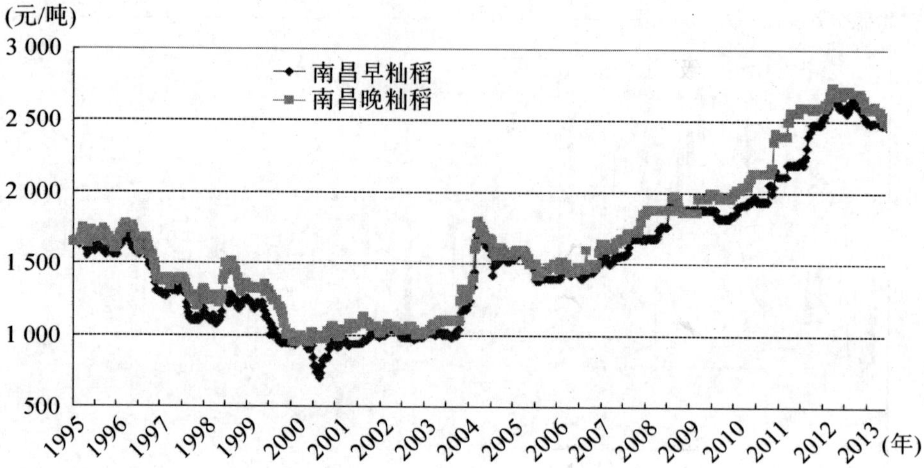

附图 2 籼稻现货价格走势图

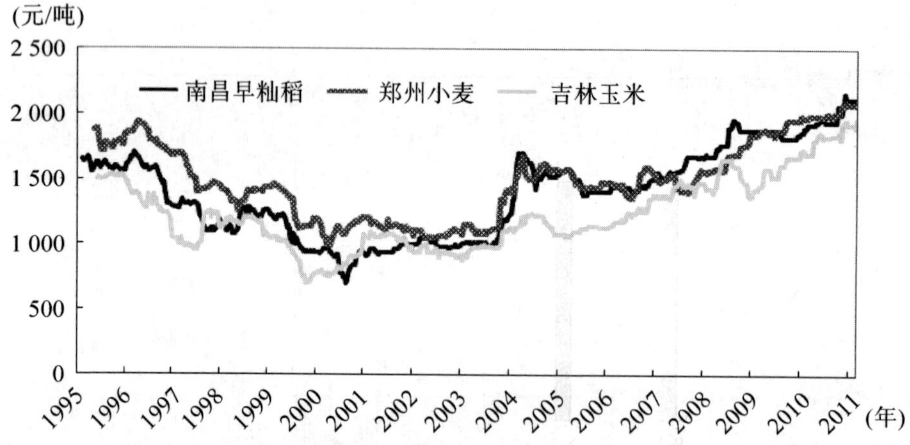

附图 3 早籼稻、小麦和玉米现货价格走势图

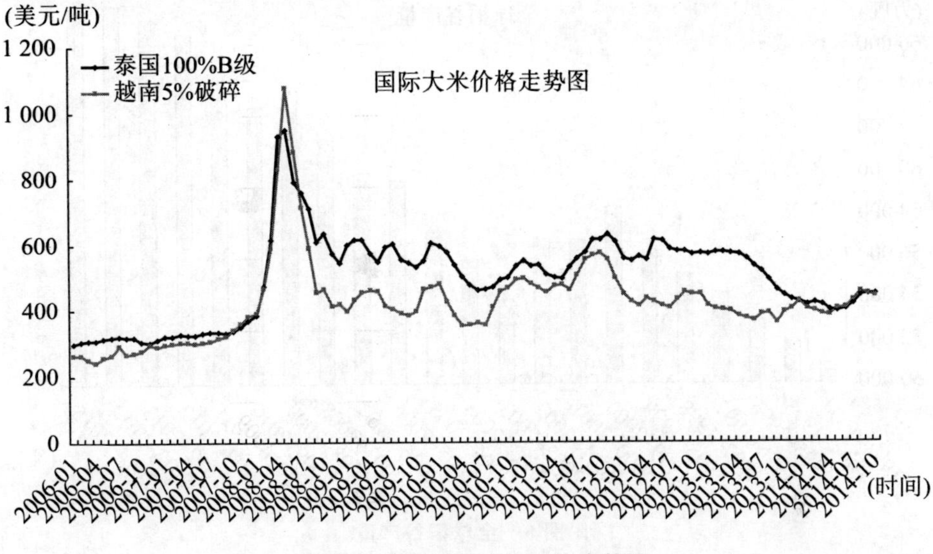

附图 4　泰国越南大米价格走势图

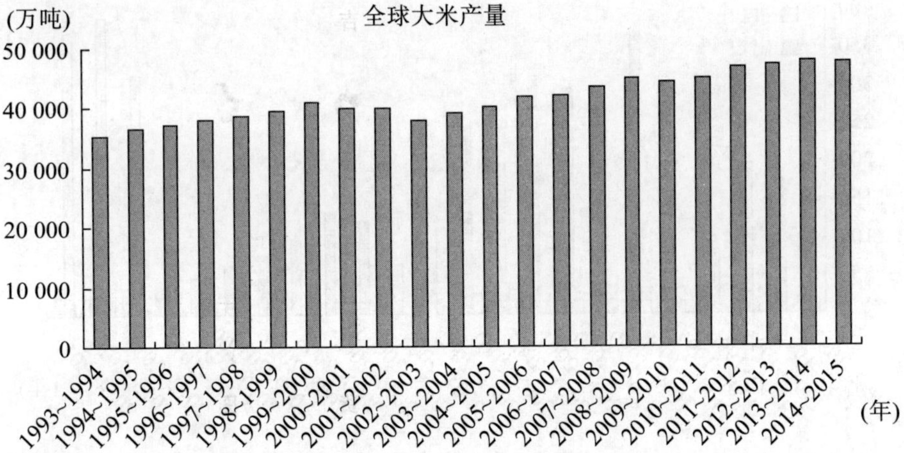

附图 5　全球大米产量

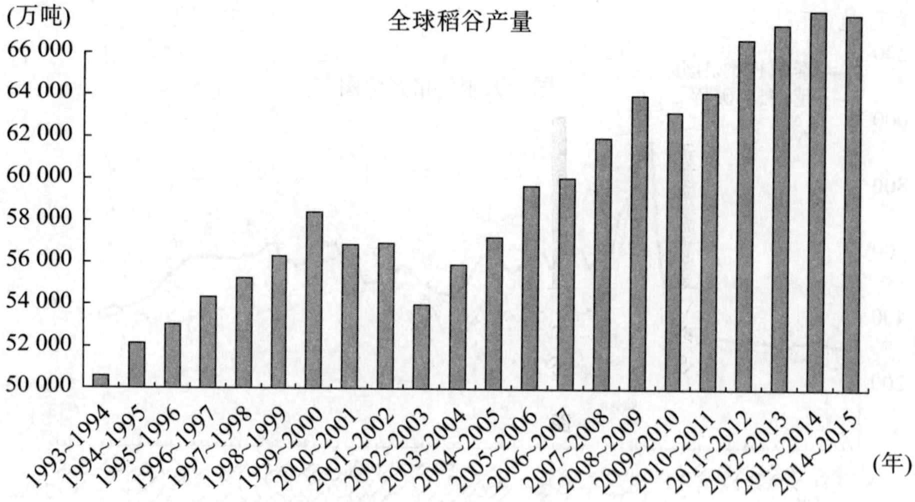

附图 6　全球稻谷产量

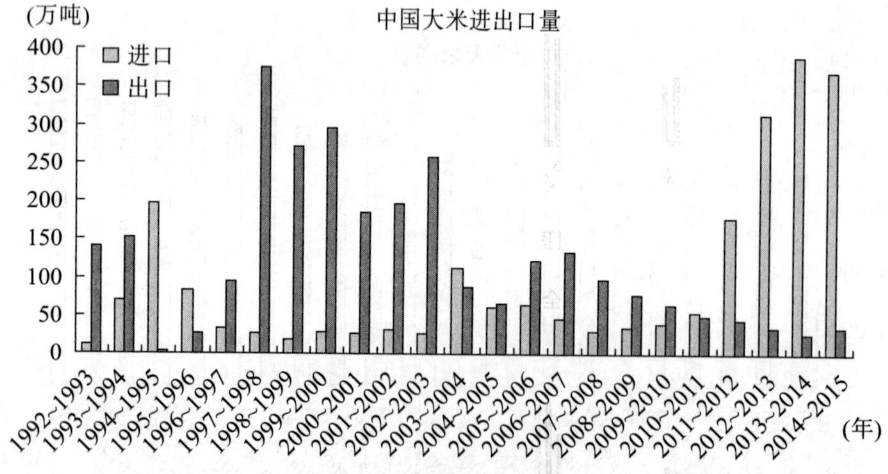

附图 7　中国大米进出口量

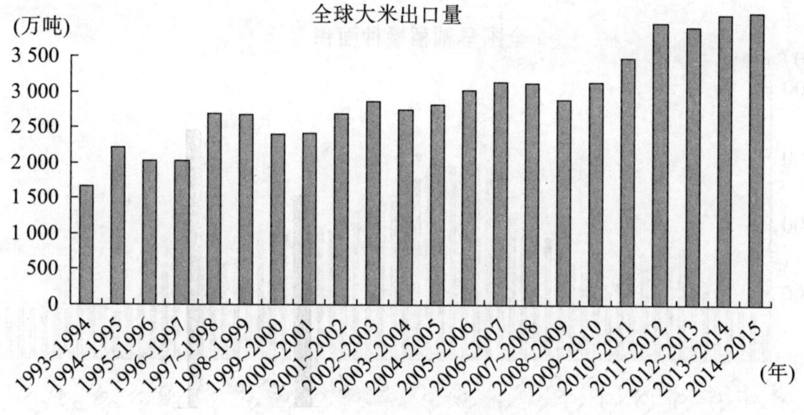

附图 8　全球大米出口量

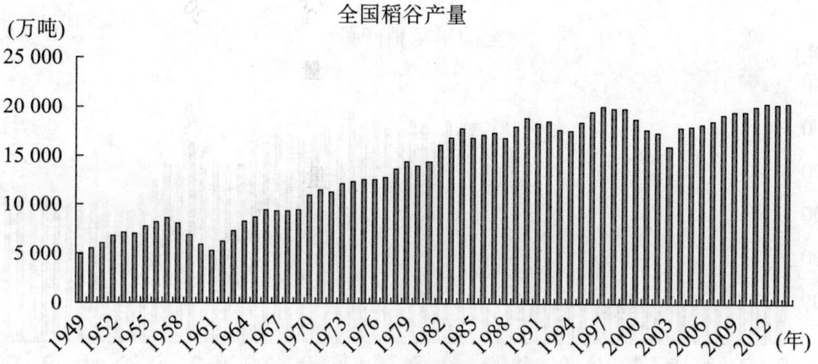

附图 9　全国稻谷产量

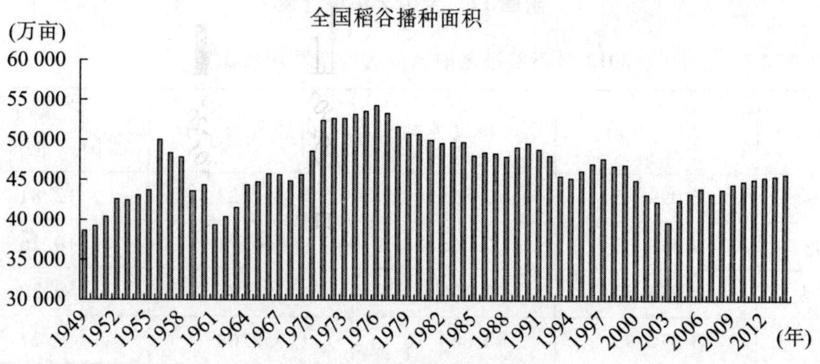

附图 10　全国稻谷播种面积

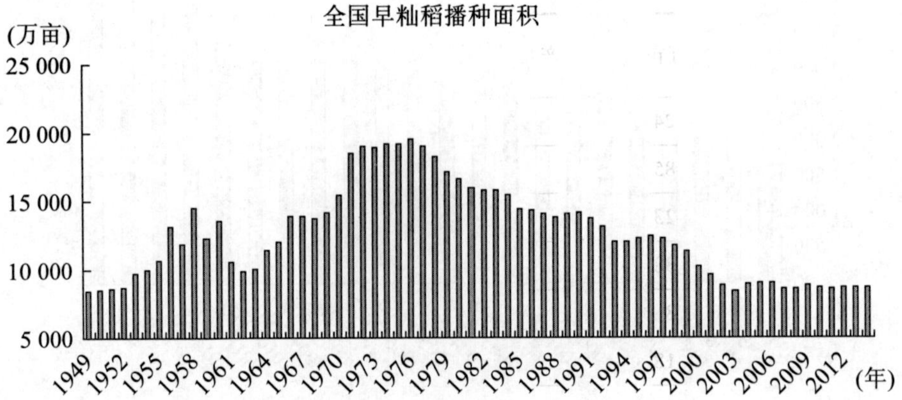

附图 11 全国早籼稻播种面积

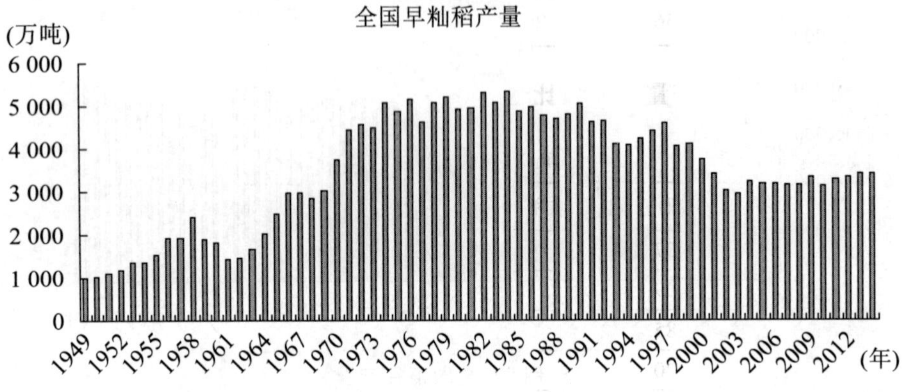

附图 12 全国早籼稻产量

附表 2 2012 年稻谷排名前列的省份及其所占比重

地区	面积（万亩）	产量（万吨）	亩产（公斤）	产量占全国比重（%）
湖南	6 099.45	2 575.4	422.23	12.81
黑龙江	4 418.33	2 062.08	466.71	10.26
江西	4 976.57	1 950.1	391.86	9.70
江苏	3 372.95	1 864.16	552.68	9.27

续表

地区	面积（万亩）	产量（万吨）	亩产（公斤）	产量占全国比重（%）
湖北	3 054.24	1 616.91	529.4	8.04
四川	3 011.85	1 527.1	507.03	7.60
安徽	3 346.23	1 387.08	414.52	6.90
广东	2 911.38	1 096.9	376.76	5.46
广西	3 117.8	1 084.1	347.71	5.39
云南	1 610.18	668.67	415.28	3.33
浙江	1 342.16	649.03	483.57	3.23
吉林	1 036.87	623.5	601.33	3.10
全国	45 085.56	20 100.09	445.82	100.00

附表 3 近年稻谷产量及其占比

附表 3（a） 近年早籼稻占稻谷的比例

年度	播种面积（万亩）	占稻谷比例（%）	产量（万吨）	占稻谷比例（%）
2001	9 507.3	22.20	3 400.26	19.10
2002	8 809.05	20.80	3 028.9	17.30
2003	8 385.45	21.10	2 948.4	18.30
2004	8 920.5	21.00	3 221.6	18
2005	9 041.85	20.90	3 187.4	18.60
2006	8 985	20.40	3 186.8	17.50
2007	8 736	19.90	3 152	17.10
2008	8 730	19.79	3 158	16.36
2009	8 775	19.71	3 300	16.86
2010	8 693.7	19.40	3 133.7	16.01
2011	8 624.3	19.13	3 275.43	16.30
2012	8 647.05	19.03	3 329	16.30
2013	8 687.85	19.11	3 407.3	16.73
2014	8 692.5	19.01	3 401	16.66

附表 3（b） 近年中稻占稻谷的比例

年度	播种面积（万亩）	占稻谷比例（%）	产量（万吨）	占稻谷比例（%）
2001	11 043	25.55	5 076	28.58
2002	10 984.5	25.97	5 008	28.69
2003	9 523.5	23.95	4 240	26.39
2004	10 714.5	25.17	4 794	26.77
2005	10 798.5	24.96	4 990	27.63
2006	11 458.5	26.08	5 246	28.73
2007	11 475	26.45	5 350	28.76
2008	10 999.5	25.08	5 306	27.65
2009	11 899.5	26.78	5 910	30.29
2010	12 499.5	27.89	6 040	30.85
2011	12 600	27.95	6 475	32.21
2012	13 200	29.05	6 783	33.21
2013	13 500	29.69	6 938	34.07

附表 3（c） 近年晚籼稻占稻谷的比例

年度	播种面积（万亩）	占稻谷比例（%）	产量（万吨）	占稻谷比例（%）
2001	22 594.02	52.28	9 281.74	52.27
2002	22 507.95	53.21	9 417.1	53.95
2003	21 853.05	54.96	8 876.6	55.25
2004	22 934.4	53.88	9 893.4	55.24
2005	23 430.15	54.15	9 881.6	54.72
2006	23 498.85	53.48	9 739.2	53.34
2007	23 289.9	53.69	10 101.5	54.30
2008	24 299.55	55.40	10 724.5	55.89
2009	23 735.88	53.41	10 264.51	52.61
2010	23 616.3	52.70	10 402.3	53.14
2011	23 769.7	52.72	10 249.57	50.99
2012	23 598.15	51.93	10 316.9	50.51
2013	23 532.2	51.76	10 325.7	50.71

后　记

2013 年 11 月 18 日和 2014 年 7 月 8 日，郑州商品交易所分别推出粳稻期货和晚籼稻期货，加上之前推出的早籼稻期货，形成了完善的稻谷期货体系。为适应市场发展需要，我们对原有的《早籼稻》进行了修订，形成了《稻谷期货》一书。

本书是面向稻谷类期货投资者的普及性读物。本书针对早籼稻、晚籼稻、粳稻的种植、流通消费、产业链等特点，分析风险因素，说明期货工具对稻谷种植者、流通、加工、消费企业的作用，尽可能为各类型投资者梳理出参与稻谷期货的要点。本书可以作为新进入市场的投资者、尤其是产业投资者了解稻谷期货的参考书。

本书的编写遵循《早籼稻》通俗性、基础性、实用性、规范性的编写原则，语言浅显易懂，逻辑清晰明了。

本书系统介绍了稻谷种植、流通和消费市场概况，较为全面地对稻谷产业链进行了分析，应用案例说明产业链各类企业如何利用稻谷期货工具服务于现货经营。由于编写者来自期货市场第一线，对投资者、实体企业的需求较为了解，所列举的都是投资者、实体企业在实际工作中经常遇到或容易混淆的问题，比较贴近期货市场不同参与者的实际需要，这使得全书的针对性和可读性大为提高。在修订过程中，编写者通过实际案例，为投资者观察三大稻谷品种价格的相互影响、捕捉品种之间的套利机会，为实体企业灵活运用相关品种来规避不同环节的价格风险，提供了较为详细的方法介绍和实用经验。

需要说明的是，“期市有风险，入市须谨慎”！本书由于篇幅所限，无法一一尽述相关企业及投资者在期货市场上可能面临的所有具体情况。因此，企业在参与套期保值中，务必结合自身的经营需求，制定科学合理的交易策略，并严格控制交易规模，切忌“以套保之名，行投机之实”。同时，普通投资者在决定参与交易之前，应审慎评估自身能力，尽可能熟悉并掌握交易品种的市场特点及操作技能，从而避免遭受不必要的风险。

作为《期货投资者教育系列丛书》之一，本书由中国期货业协会投资者教育部负责编写组织工作，余晓丽、刘保宁承担统筹任务。本书由瑞奇期货有限公司承担编写任务，汤青霞、周士荣、古佛章、梁峰等同志参与编写工作，郑州商品交易所李亚鹏同志对本书的书稿进行了审阅并提出了宝贵的建议。本书在编写过程中得到了中国证监会投资者保护局、中国期货业协会、郑州商品交易所领导的指导和帮助，再次表示衷心的感谢！书中不足之处，敬请读者批评指正。

《期货投资者教育系列丛书》编委会

2015 年 1 月